NINA DEISSLER

ARSCH HOCH, BABY!

Wie du bekommst, was du willst, und auch noch Spaß dabei hast

humboldt

INHALT

WILLKOMMEN

Liebe Leserin,

das Erste, was ich dir sagen möchte, mag angesichts der Tatsache, dass es sich hier um ein Buch handelt, etwas kontrovers klingen. Aber es muss gesagt werden: Hör auf, Ratgeber zu lesen, und fang an, dein Leben zu genießen!

Ja, ich weiß: Das ist leichter gesagt als getan. Nicht umsonst bersten die Regale der Buchhandlungen fast vor Büchern, die uns zeigen wollen, wie wir „unser bestes Selbst" und endlich glücklich, erfolgreich, schön, gelassen, selbstbewusst und/oder reich werden. Warum solltest du jetzt also ausgerechnet dieses Buch lesen, das dir gleich zu Beginn sagt, dass du das mit dem Lesen eigentlich lassen solltest?

Du wirst es herausfinden und froh darüber sein: Ich werde dir auf den folgenden Seiten zeigen, wie du all die Dinge, die du „theoretisch" eigentlich schon weißt, endlich auch in die Praxis umsetzt. Ich werde dir einige neue Erkenntnisse und Zusammenhänge vermitteln, die dich nie mehr verlassen und dein bisheriges Leben möglicherweise ganz schön auf den Kopf stellen werden.

Ein Hinweis: Dieses Buch ist für Frauen geschrieben – es ist Männern jedoch nicht verboten, hineinzuschauen und mitzunehmen, was wertvoll ist für sie.

Willst du nicht auch endlich dieses „Leben deiner Träume" führen, das dir all die Frauenzeitschriften, Bloggerinnen und Glückskongresse immer versprechen? Aber eben das Leben, das sich tatsächlich auch mit dem verträgt, was du wirklich willst und kannst? Und überhaupt: Willst du nicht endlich mal herausfinden, was *du* wirklich willst?

Dies ist ein Buch für Frauen, die sich vom Leben im 21. Jahrhundert manchmal auch überfordert fühlen. Natürlich nur ganz heimlich: Wir möchten ja gerne frech, selbstbewusst, wild und wunderbar sein ... wenn einem nur der Alltag, die Erziehung und die Zweifel nicht immer dazwischenkämen. Wir möchten ja gerne ein tolles Leben führen ... wenn wir nur nicht immer so gestresst wären. Und wir möchten auch tolle Beziehungen führen, großartigen Sex haben und in der Partnerschaft wachsen – nur mit wem? Und wann?

Kennst du das so ähnlich auch von dir? Vielleicht ist das Leben deiner Träume ja auch so gar nicht aufsehenerregend? Vielleicht ist es nicht funky, trendy und außergewöhnlich? Vielleicht ist das Leben deiner Träume ziemlich genau *das,* das du eigentlich gerade hast – nur mit mehr Leichtigkeit, weniger Stress, öfter mal Zeit für dich?

Bist du genervt von den Anforderungen an dich, dass du jetzt endlich dein bestes Leben leben und dein volles Potenzial nutzen sollst – inklusive Weltreise, Businessplan, eigenem Buch, Instagram-Berühmtheit und Erleuchtung unterwegs? Oder ist es genau das, was du willst? Denkst du, da steckt noch mehr in dir und da geht auch noch mehr – aber du bekommst eben deinen Allerwertesten nicht in Gang?

Das Gute ist doch: **Alles ist möglich.**

Du musst kein Instagram-Star werden, um ein tolles Leben zu haben – aber verboten ist es auch nicht. Du kannst in einer Partnerschaft leben oder in mehreren – oder in gar keiner. Du kannst laut sein oder leise und mit beidem auf deine Art erfolgreich sein. Und du kannst auch lernen, dich zu entscheiden – mit einem guten Gefühl.

Und vor allem, du musst nicht perfekt sein! (Denn wer dürfte überhaupt bestimmen, was das ist?)

Ganz egal, ob Reihenhäuschen oder Weltumsegelung, Liebesabenteuer oder Zölibat: Du hast ein Recht auf ein Leben, *das du genießen kannst.* Doch dafür muss sich in Wahrheit nicht „dein Leben“ ändern, sondern in erster Linie dein Denken. Und dann dein Handeln. Und das auf eine Art, die dir sehr viel mehr gefallen wird als alles, was du bisher ausprobiert hast:

Indem du weniger tust und mehr Spaß hast.
Und indem du weniger arbeitest – vor allem an dir selbst.

Damit könnte dieses Buch eigentlich auch schon wieder zu Ende sein. Aber ich weiß, du willst mehr: Du willst Argumente und Anleitungen, Beispiele und Tipps, wie du das machen sollst. Kein Problem, darauf war ich schon vorbereitet.

Lass uns Spaß haben!

Deine

Nina Deißler

EMANZIPIERT? SIND WIR NOCH LANGE NICHT

Emanzipiert, stark, frei, selbstbestimmt, erfolgreich, glücklich ... Begriffe, die verheißungsvoll und sexy klingen und nahezu jede Ausgabe fast jeder Frauenzeitschrift schmücken. Zustände, die uns Frauen heute nahezu selbstverständlich sein sollten.

Wir haben doch alles! Würden wir all das nur leben, anstatt uns mit schlechtem Gewissen danach zu sehnen oder uns selbst etwas vorzumachen!

> Wir haben doch alles! Würden wir all das nur leben!

In meiner Coachingpraxis beobachtete ich es jahrelang – und dann, im Austausch mit anderen Frauen bei Kongressen, Seminaren und Treffen, stellte ich fest, dass dieses Phänomen offenbar nicht nur typisch ist für meine Klientinnen, sondern sehr viele Frauen in unterschiedlichsten Situationen betrifft:

- Die erfolgreiche Karrierefrau, die stark, selbstbestimmt und erfolgreich wirkt – aber nicht glücklich ist, weil sie ständig Angst hat, dass jemand bemerkt, dass sie gar nicht so stark ist. Und die sich ständig wie eine Hochstaplerin fühlt, während sie härter arbeitet als alle anderen. Nicht aus Freude – sondern aus Angst, nicht gut genug zu sein.
- Die spirituell Inspirierte, die sich selbst verwirklicht, viel reist und Yoga, Shiatsu oder andere tolle Dinge anbietet und lehrt und so frei wirkt – aber ständig Geldsorgen hat, weil sie sich nicht traut, für ihre Dienste eine wirklich angemessene Wertschätzung zu verlangen.

- Die Angestellte, die ständig das Gefühl hat, sie müsste „mehr" aus ihrem Leben machen und sich immer latent schuldig fühlt, weil sie sich eigentlich nur ein paar mehr Urlaubstage und einen liebevollen Partner wünscht.
- Die Ärztin, deren Eltern so stolz auf sie sind – und die so müde ist und so einsam, weil sie als Alleinstehende immer für die Feiertagsdienste eingeteilt wird und ständig Überstunden fahren muss, während die männlichen Arztkollegen lieber Krankenschwestern daten als Ärztinnen.
- Die Mutter, die ihre beiden Schätze täglich in die Schule und die Kita bringt und nur noch Teilzeit arbeitet – aber deshalb auf eine Karriere verzichtet und immer ein schlechtes Gewissen hat, weil sie das Gefühl hat, irgendwer kommt immer zu kurz, und gar nicht bemerkt, dass sie selbst es ist, die zu kurz kommt, während sie versucht, es allen anderen recht zu machen.

Es könnte so einfach sein

Wir können und dürfen alles und bleiben am Ende doch meistens bei dem, was wir glauben, sein und tun zu *müssen*. Ich kenne so viele Frauen, die äußerlich selbstbewusst und stark wirken, aber in sich – ganz heimlich – voller Komplexe, Zweifel, Schuldgefühle, Unsicherheit oder Ängste stecken.

Dabei könnte alles so einfach sein: Wir leben im 21. Jahrhundert, wir sind frei, und unsere Rechte und Pflichten sind gut verhandelt und gesetzlich verankert. Doch scheinen gerade wir Frauen uns mehr um die Pflichten zu kümmern als um die Rechte und die Freiheit, die uns zur Verfügung stünden.

Und dann sind wir unzufrieden, gestresst oder unglücklich und kaufen einen Ratgeber. Manchmal lesen wir ihn sogar. Selten machen wir, was drinsteht ... und dann geht das Ganze wieder von vorne los.

Es ist ja nicht so, dass es verboten wäre, das Leben zu genießen und Spaß zu haben, aber irgendwie scheint uns diese Fähigkeit verloren gegangen zu sein – falls wir sie überhaupt jemals hatten.

> Irgendwie scheint uns diese Fähigkeit verloren gegangen zu sein, das Leben zu genießen.

Vergnügen: allein das Wort schon! Oberflächlich, fast anzüglich klingt es – nicht nach etwas, nach dem man streben sollte. Allenfalls ist es etwas, dem man sich gelegentlich in seiner Freizeit widmet, aber dabei schon irgendwie ein schlechtes Gewissen hat – und nur nicht zu ausschweifend werden sollte ...

Vielleicht liegt es generell an unserer Kultur? Hat es damit zu tun, dass wir in Deutschland die Werte „Fleiß“ und „Tüchtigkeit“ einfach zu ernst nehmen? Ist uns fleißig, pünktlich, tüchtig, zuverlässig und strebsam sein einfach zu wichtig? Dennoch sehe ich viel mehr Frauen, die sich kaputt machen und leiden, als Männer.

Ja, ich ahne, was du sagen wirst. Ich habe diese Argumente alle schon gehört und vor langer Zeit sogar selbst auch benutzt: Wenn du es als Frau im Berufsleben zu etwas bringen möchtest, musst du nicht genauso gut sein wie die männlichen Kollegen, du musst sogar ein ganzes Stück besser sein als sie.

Und selbst Frauen, die in – immer noch – typischen Frauenberufen arbeiten und kaum „männliche Konkurrenz“ haben, machen es ebenso. Und wir tun das nicht nur beruflich: Wir schaffen es auch, uns im Privatleben regelmäßig den Spaß zu verderben. Mir ging das jahrelang genauso. Und dann ... hatte ich keine Lust mehr dazu. Doch beginnen wir unsere Geschichte etwas früher:

> Wir schaffen es auch, uns im Privatleben regelmäßig den Spaß zu verderben.

Es war einmal eine starke und kluge Frau, die lebte in Frankreich und hieß Olympe de Gouges. Als 1791 in Frankreich die Revolution „Freiheit, Gleichheit und Brüderlichkeit“ forderte, nahm sie das zum Anlass, eine „Déclaration des droits de la femme et de la citoyenne“ zu veröffentlichen: eine „Erklärung der Rechte der Frau und Bürgerin". Hier forderte sie unter anderem politische Mitbestimmung, Recht auf Bildung, Arbeit und eigenen Besitz für Frauen, „égalité totale" quasi. Doch ganz so viel Gleichheit wollten die Franzosen dann offensichtlich doch nicht: 1793 wurden politische Frauenvereine in Frankreich verboten und Olympe de Gouges durch die Guillotine hingerichtet.

Dies ist nicht das erste, das letzte und schon gar nicht das einzige Mal, dass eine starke Frau, die gleiche Rechte für Frauen forderte, ein baldiges Ende fand. Zugegeben: Nicht jede Bemühung um Gleichberechtigung endete derart blutig, doch die Durchsetzung von gleichem Recht für Frauen war ein langwieriger und harter Weg, den viele starke, mutige – und manchmal auch starrsinnige – Frauen vor uns für uns gegangen sind.

Wir könnten die Geschichte auch noch früher beginnen, viel früher – zum Beispiel 5000 bis 6000 Jahre früher, wo es in vielen Regionen der Welt das Matriarchat gab und die Frauen nicht nur den Familien und Gesellschaften vorstanden, sondern auch das Weibliche – die Göttin, Mutter Erde und die Natur – verehrt wurde. Die Kraft der Erde und der Fruchtbarkeit wurden geschätzt und mit ihnen die Frau selbst. Die Kraft kam „von unten", aus der Erde, und das Wichtigste war die Gemeinschaft. Die Riten dieser Verehrung waren voller Freude, Tanz, Rhythmus und zügelloser Ausgelassenheit.

> Vor vielen tausend Jahren wurde die Kraft der Erde und der Fruchtbarkeit und mit ihnen das Weibliche und die Frau selbst verehrt

Doch das ist sehr, sehr lange her und die Zeiten haben sich geändert. Heute ist unsere Gesellschaft – trotz vieler Veränderungen in den letzten 50 Jahren – nach wie vor fast ausschließlich nach männlichen Prinzipien ausgerichtet: Es gibt oben einen Chef und darunter eine Hierarchie. Unser Gott ist „oben", die Zahlen, die Wirtschaft, die eigene Karriere sollen stets nach oben gehen. Im Grunde soll alles immer nach oben gehen – genau wie der Penis des Mannes. Das ist auch für viele Männer nicht leicht, aber das ist eine andere Geschichte.

Und wir Frauen wollen (sollen, müssen) mitspielen und gleichberechtigt sein. Wir lernen die Regeln und beißen uns durch. Viele Männer fühlen sich heute von Frauen deshalb sogar regelrecht bedroht: Es gibt Konkurrenz, Misstrauen und sogar Feindseligkeit auch im privaten Bereich auf beiden Seiten – und offen gestanden wundert mich das gar nicht:

Wenn Frauen ihren Mann stehen – wo steht denn dann der Mann?

Versteh mich nicht falsch: Wir Frauen sollten viel, viel mehr zu sagen haben und es auch tun! Wir sollten uns viel mehr einmischen. Wir sollten mehr Geld für unsere Arbeit verlangen, mehr Wertschätzung für unsere Ideen und unsere Leistung und mehr Einfluss auf unsere Gesellschaft. Warum tun wir das nicht? Vielleicht trauen wir uns nicht!?

Auch schon vor Olympe de Gouges gab es Frauen, die aufbegehrten, die stark, weise und machtvoll waren. Im Mittelalter wurden sie gejagt, verraten (oft genug auch von anderen Frauen) und ertränkt oder verbrannt: Hexenjagd – angeblich im Namen eines Gottes, aber in Wahrheit doch im Namen von Männern, die sich davon bedroht fühlten, wenn eine Frau zu viel wusste, besondere Fähigkeiten oder Weisheit besaß oder wenn sie besonders attraktiv war. Das lehrte unsere Vorfahrinnen, dass es wohl besser sei, nicht allzu klug, nicht allzu weise, besser nicht sexy und ja nicht in irgendeiner Form machtvoll zu sein. Schon gar nicht auf die weibliche Art. Hat uns das so verschreckt, dass wir uns bis heute nicht richtig trauen?

> Auch schon vor der Französischen Revolution gab es Frauen, die aufbegehrten.

Stärke ist nicht ausschließlich männlich!

Über hundert Jahre kämpfen Frauen nun wieder offen für Gleichberechtigung – doch sie tun es in einer männlich geprägten Welt und nach den Regeln der männlichen Hackordnung. Und so laufen wir in eine Falle, die wir vorher nicht bemerkt haben und deren Wirkung uns bis heute oft nicht bewusst ist: Wir verlieren unsere weibliche Kraft, unsere Leichtigkeit, unseren Zauber und unsere Macht.

Wir haben so wenige Vorbilder wahrhaftiger, starker und weiblicher Frauen, dass wir uns das „Starksein" von den Männern abschauen mussten. Doch wenn eine Frau sich „Stärke" bei einem Mann abschaut, wird sie nicht stark – sie wird nur hart. Hart zu sich selbst und hart zu anderen – und ihr weicher Kern wird zu ihrer Schwäche. Oberflächlich betrachtet wirkt sie stark, weil sie tough oder unnahbar oder beruflich erfolgreich ist – aber die meisten Frauen fühlen sich nicht so, denn weibliche Stärke bezieht ihre Kraft aus anderen Quellen. Ihr weicher Kern sehnt sich nach Geborgenheit, Liebe und Sicherheit, die ihr niemand anbietet, weil sie ja „eine starke, selbstbewusste Frau" ist. Und so lebt sie dann in der ständigen Angst, nicht gut genug zu sein, aufzufliegen, enttarnt zu werden.

> Wir haben wenige Vorbilder wahrhaftiger, starker und weiblicher Frauen.

Die andere Variante ist, ständig das Gefühl zu haben, nicht „mithalten" zu können. Frauen, die eigentlich eine gute Verbindung zu ihrem wahren Wesen haben, fühlen sich oft schwach, weil sie nicht „auf den Putz hauen" können, und das nährt beständig ihre Selbstzweifel.

Es wird Zeit, dass wir damit aufhören, mit den Männern zu konkurrieren, und uns auf das Wesentliche konzentrieren: die Welt zu verändern.

Ach so, mehr nicht? Ich stelle mir gerade vor, wie du eine Augenbraue hochziehst, während du das liest – oder noch mehr Angst bekommst, vor noch mehr Arbeit. Keine Sorge, diesmal nicht.

Meine Geschichte

Ich bin 1974 geboren – und habe meine „Freiheit“ zunächst nicht als Geschenk erkannt, das jahrzehntelang von tapferen Frauen und einigen verständigen Männern für mich erkämpft und erstritten wurde. Ich hatte keine Ahnung davon, dass in meiner Kindheit noch Gesetze galten, die es zum Beispiel dem Ehemann ermöglichten, die Arbeitsstelle seiner Frau zu kündigen, wenn er den Eindruck hatte, dass ein Beruf sie von ihren ehelichen Pflichten zur Haushaltsführung allzu sehr ablenkte.

Ich war ehrlich gesagt sogar irritiert, manchmal auch belustigt von „Frauenrechtlerinnen“ oder „Feministinnen“: sie wirkten so hart und zynisch, so unlustig und verbissen. Ich konnte das nicht verstehen – ich hatte ja auch keine Ahnung davon, wie lange sie sich schon darum hatten streiten müssen, ernst genommen zu werden, damit *ich* später einmal ernst genommen würde. Und ich hatte auch noch nicht verstanden, dass es eine Männerwelt ist, in der wir ernst genommen werden wollen.

Es ist eine Männerwelt, in der wir ernst genommen werden wollen.

Ich selbst bin damit aufgewachsen, dass meine Mutter eine toughe, scheinbar emanzipierte Frau war, der mein Vater die Verhandlungen mit den Kunden der gemeinsamen Druckerei sowie das Regeln der Finanzen überließ, weil sie das einfach besser konnte, wie er sagte. Für uns war klar: Mama war der Boss. Sie hatte immer das letzte Wort.

Soweit ich mich erinnere, überließ mein Vater ihr allerdings auch das meiste der Hausarbeit. Weil das eben so war: Frauen machen den Haushalt. Natürlich half er auch, aber er „half“ eben nur. Die eigentliche Arbeit – putzen, kochen, Wäsche waschen, bügeln, nähen, Socken stopfen – erledigte in den meisten Fällen meine Mutter (inzwischen ist das anders), obwohl beide voll berufstätig waren – sie obendrein als Geschäftsführerin. Und ich habe das nie infrage gestellt. Warum auch? Ich kannte ja nichts anderes. Und die beiden auch nicht.

Meine Mutter schmiss den Haushalt, arbeitete in der Druckerei, danach oft noch bis spätabends am Schreibtisch, machte die Wäsche, plante den Einkauf, traf in Wahrheit keine Entscheidung ohne meinen Vater und opferte sich auf: Sie überschritt regelmäßig ihre Grenzen, um alles zu schaffen – was eigentlich gar nicht möglich war. Und wenn es ihr zu viel wurde, gab es zwei Ventile für sie: Wutausbrüche oder Migräneanfälle.

> Meine Mutter überschritt regelmäßig ihre Grenzen, um alles zu schaffen.

Und auch das war für mich als Kind vollkommen normal: Mama hatte eine kurze Zündschnur und war leicht zu verärgern. Es gab viele Sonntage, an denen wir nach Möglichkeit nur flüsternd und auf Zehenspitzen im Haus unterwegs waren, weil Mama wieder mal „schlimmes Kopfweh" hatte.

Erst sehr viel später – irgendwann als Erwachsene in meinen späten Dreißigern – wurde mir klar, dass weder das dünne Nervenkostüm noch die regelmäßigen „Ausfälle" durch Migräne Teil des Charakters oder des eigentlichen Wesens meiner Mutter waren. Sie waren lediglich ein Ausdruck völliger Überforderung und Überanstrengung.

Ist das Emanzipation? Dann will ich auf jeden Fall was anderes ... aber das bemerkte ich eben erst sehr viel später!

Wie ist deine Geschichte?

Vielleicht war deine Geschichte anders – oder ganz ähnlich. Ich bin sicher, du kannst sie nachvollziehen und auch das, was daraus entstand:

Eigentlich könnte man meinen, eine Tochter, die ihre Mutter dabei beobachtet, wie sie sich aufopfert, alles für andere tut und alles selbst in die Hand nimmt, ohne dabei auf sich selbst und ihren Energiehaushalt zu achten, kann lernen, dass das keine gute Idee ist.

Tatsächlich dauerte es bis in meine späten Dreißiger, bis ich das verstanden hatte. Bis dahin hatte ich einiges davon blind nachgeahmt (denn so tun wir das nun mal) und mich darüber gewundert, wie schlecht es funktionierte und wie wenig es mir dabei half, das zu erreichen, was ich mir wünschte. Und ich wette, du tust das auch!

Oft liegt das auch daran, dass wir sehr gut darin sind, uns selbst darin zu bestärken, dass wir natürlich ganz anders sind als unsere Eltern. Oder dass wir – wenn wir etwas Ähnliches tun wie unsere Eltern (meist etwas ähnlich Selbstzerstörerisches, etwas ähnlich Dummes oder etwas ähnlich Übergriffiges) – das aus ganz anderen, sehr viel besseren Gründen tun als sie.

Und so, wie unsere Eltern oft glauben zu wissen, was gut für uns wäre und was wir tun sollten, sind wir ganz sicher, dass unsere Eltern hinter dem Mond leben, altmodisch sind und keine Ahnung von der Welt heute haben. Und wir wissen natürlich sehr viel besser, was gut und richtig für uns ist – und wir wissen genauso auch, was *sie* tun sollten. Doch vermutlich ist beides nicht ganz richtig.

Es kommt häufig vor, dass meine Seminarteilnehmer erzählen: Ihre Eltern gehen ihnen auf die Nerven mit ihren Ratschlägen und ihrem Weltbild – sie fühlen sich bevormundet und genervt davon. Und ihre Eltern sollten ganz dringend einige Sachen wirklich anders machen, dann wären sie viel glücklicher.

Meine Eltern sollten sich endlich ändern – und mich so akzeptieren, wie ich bin: Finde den Fehler.

Doch am Ende vergessen beide dabei etwas Wichtiges: ihre Vorbildfunktion. Ob wir nun wollen oder nicht: Wir lernen fast alles im Leben durch das „Abschauen“ von anderen. Als Kinder lernen wir durch das Abschauen „von den Großen“, wie man steht, geht, isst und spricht, und genauso auch, wie man sich in verschiedenen Situationen verhält. Ohne dass uns das bewusst ist, ahmen wir zunächst das Verhalten „der Großen“ nach, denn das ist richtig und angemessen – sonst würden die es ja kaum so machen. Die sind groß – die wissen, wie das geht.

Oft erst sehr viel später (wenn überhaupt) bemerken wir, dass dies ein Trugschluss war und unsere Eltern ebenfalls einfach nur Opfer ihrer Prägungen, Ängste und Umstände waren und häufig blindlings und ahnungslos vor sich hin agierten. Und so landen wir bei einer schlichten, dennoch schwerwiegenden Erkenntnis:

> Wir lernen fast alles im Leben durch das „Abschauen" von anderen.

Wie wir heute leben, hat sehr viel damit zu tun, was uns vorgelebt wurde.

Deshalb heißt das „Verhaltensmuster" – weil wir uns auf eine Art verhalten, die uns vorher als Musterverhalten an die Hand gegeben wurde. Je nachdem wie wir das Verhalten unserer „Vorbilder" bewerteten und interpretierten, machen wir es oft entweder blind genauso oder wir bemühen uns, genau das Gegenteil davon zu tun. Was selten wirklich klappt und auch nicht hilfreich ist, weil wir uns ja auf etwas beziehen, das wir vorher als „Norm" akzeptiert haben.

Hin und wieder habe ich Klientinnen, die mir erzählen, sie würden alles ganz, ganz anders machen als ihre Mutter. Sie seien ein vollkommen anderer Typ Mensch. Doch sie machen das, was sie tun, oft mit der gleichen Vehemenz, einer ähnlichen inneren Haltung und oft genug auch einer ähnlichen Selbstsabotage und Selbstausbeutung.

> Manche meiner Klientinnen machen das, was sie tun, oft mit der gleichen Vehemenz und einer ähnlichen inneren Haltung wie ihre Mutter.

So wie Katja, die sich – ganz im Gegenteil zu ihrer Mutter – ein eigenes Business aufgebaut hatte und ihre Träume verwirklichte. Nur dass sie – genau wie ihre Mutter – sehr schlecht im Annehmen war und damit auch im Annehmen von Geld. Sie verkaufte sich weit unter Wert, tat sich schwer damit, ihre Preise zu nennen und Rechnungen zu stellen und bekam –

genau wie ihre Mutter – nicht die Wertschätzung, die sie ihren Fähigkeiten und ihrem Einsatz nach eigentlich verdient hätte.

So wie Sabine, die – ganz im Gegenteil zu ihrer Mutter – studiert hatte und eine Führungsposition in einem mittelständischen Unternehmen erreicht hatte. Nur dass sie – genau wie ihre Mutter – morgens um halb sechs aufstehen musste. Nur eben nicht, um Schulbrote zu schmieren und die Kinder zur Schule zu bringen, sondern um ins Büro zu fahren, damit sie lange genug vor acht Uhr da war, um noch ein paar Dinge zu erledigen, bevor der große Stress losging. Und die – genau wie ihre Mutter – jeden Abend völlig k.o. war und zu nichts mehr Lust hatte, weil der Tag so anstrengend gewesen war ... nur dass ihre Mutter das für die Familie getan hatte, die Sabine sich zwar ebenfalls wünschte, sich aber schwer damit tat, ihre „Karriere“ dafür aufgeben zu müssen und ihre „Freiheit“ zu verlieren.

So wie Heike, die bei ihren beiden Kindern regelmäßig die Beherrschung verlor – nicht weil sie böse und ungerecht war (so wie ihre Mutter damals). Nein, sie war einfach hilflos, überfordert und überreizt von dem Lärm und der ständigen Aufmerksamkeit, die ihre Kinder von ihr forderten und die sie ihnen doch eigentlich auch geben wollte. Sie alle bemerkten erst im Coaching, dass sie im Grunde genau dasselbe taten und unter denselben Dingen litten wie ihre Mütter.

> Viele Frauen bemerken erst spät, dass sie im Grunde genau dasselbe tun und unter denselben Dingen leiden wie ihre Mütter.

Warum wir uns so schwertun

Was hat sich denn wirklich verändert? Wir müssen uns nicht mehr für eine Familie aufopfern – dafür opfern wir uns jetzt für unsere Jobs auf. Ist das so viel besser?

Wir können frei wählen, wie wir leben und wen wir lieben wollen, und tun uns so schwer damit, weil wir immer latent das Gefühl haben, etwas falsch zu machen oder etwas zu verpassen.

Die meisten Frauen sind gefangen in einem Spagat aus Dingen, die ihre Familie erwartet (eine beständige, feste Partnerschaft, ein geregeltes Einkommen und ein Lebenslauf, mit dem man bei Nachbarn und Verwandten gut dasteht), die „die Gesellschaft" befürwortet (Flexibilität, Wachstum, Selbstvertrauen), die die Medien vorschlagen (sei kreativ, entdecke die Welt, achte auf deinen Körper, renn jedem Trend hinterher oder, noch besser, erfinde einen eigenen und werde Influencer!) und dem, was sie selbst wollen (Was war das noch mal? Und was davon bin wirklich ich?). Und alles ist mit Arbeit verbunden: streben, arbeiten, anpacken, planen, sich bemühen, machen, tun.

Kommt es dir nicht komisch vor, dass du dich beständig anstrengen sollst, damit es dir später besser geht? Was, wenn dieses „Später" nicht kommt? Dann hast du ein anstrengendes Leben gelebt, in dem du dich beständig angestrengt hast. Wie anstrengend …

> Kommt es dir nicht komisch vor, dass du dich beständig anstrengen sollst, damit es dir später besser geht?

Ich habe einige Menschen kennengelernt, die „auf ihre Rente hingearbeitet" haben, und dann kurz danach – in zwei Fällen sogar kurz davor – unerwartet und schnell verstorben sind. Ich dachte eigentlich, so etwas gäbe es bei jüngeren Menschen heute, im 21. Jahrhundert, der Zeit der beständigen Entwicklung, der bunten Lebensläufe und der sich stets verändernden Arbeitswelt, gar nicht mehr. Doch dann bemerkte ich: Ich selbst kenne einfach niemanden mehr, der so funktioniert, weil die meisten meiner Freunde ebenfalls Selbstständige und Unternehmer/innen sind. Ich war daher nicht wenig erstaunt, als mir bei einem Seminar eine junge Frau Anfang 30 das exakte Datum ihrer Berentung nennen konnte und deren mickrige 28 Tage Jahresurlaub das Highlight des Jahres zu sein schienen.

Manche Religionen behaupten ja, wenn man sich nicht an ihre Gebote halte, komme man in die Hölle. Ehrlich gesagt: Ich habe den Eindruck, viele Menschen sind schon zu Lebzeiten dort. Die Hölle ist in ihrem Kopf und besteht aus all den Gedanken, Sorgen, Zwängen und Ängsten, die sie sich beständig machen. Viele Menschen machen sich das Leben so oft so schwer, dass sie selbst ihre ärgsten Peiniger sind. Und es erscheint ihnen vollkommen normal.

Manche Religionen behaupten, wenn man sich nicht an ihre Gebote halte, komme man in die Hölle, doch ich habe den Eindruck, viele Menschen sind schon zu Lebzeiten dort.

Wie geht es dir damit? Quälst du dich selbst auch gerne? Die meisten Frauen, die ich frage, antworten darauf direkt mit einem Nein. Sie fühlen sich „normal" – bis ich anfange, das „Normale" zu hinterfragen:

Ist es nicht normal, dass man sich morgens auf die Waage stellt und direkt schlecht fühlt, wenn sich die Zahl an einer Stelle einpendelt, die man selbst vorher als „inakzeptabel" festgelegt hat? Oder ist es nicht normal, dass man sich ein bisschen schlecht fühlt, wenn die Kollegin erzählt, dass sie am Wochenende Stand-up-Paddling war und man selbst das immer noch nicht gemacht hat?

Das schlechte Gewissen, wenn man die Wohnung immer noch nicht aufgeräumt oder die Steuer noch nicht gemacht hat, ist das nicht normal? Oft sind es solche Kleinigkeiten, die in Summe dafür sorgen, dass wir uns jeden Tag ein bisschen schlecht fühlen. Ein bisschen unfrei. Ein bisschen minderwertig. Ein bisschen fremdbestimmt. Ist doch normal, oder?

Und viele Sachen kann man halt nicht ändern. Ist halt so. Und die Dinge, die man wirklich ändern möchte ... ach ... vielleicht ist das auch gar nicht so wichtig. Vielleicht nächstes Jahr, wenn ich abgenommen habe. Wenn ich die Steuer gemacht habe. Wenn ich die Wohnung endlich aufgeräumt habe. Und dann kommt sie wieder: die Angst, etwas zu verpassen. Und das schlechte Gewissen, nicht „sein bestes Leben" gelebt zu haben. Und alles geht wieder von vorne los.

Wo ist der Ausweg?

Vieles von dem, worunter wir heute leiden – Selbstzweifel, Stress, Überforderung, Angst, nicht gut genug zu sein, Angst vor dem Urteil anderer über uns, Einsamkeit, Unausgeglichenheit –, hat damit zu tun, dass wir in einer Welt bestehen wollen, die nach männlichen Prinzipien und Werten aufgebaut ist: höher, schneller, weiter – Wachstum nach oben ins „Immer mehr für immer weniger" – Konkurrenz, Kampf, Überlegenheit, Durchsetzungskraft ...

> Vieles von dem, worunter wir heute leiden, hat damit zu tun, dass wir in einer männlich geprägten Welt gleichwertig sein und bestehen wollen.

Und wir machen das so gut, dass viele von uns äußerlich dominanter, aggressiver und härter wirken als viele Männer. Bitte versteh mich nicht falsch: Ich habe nichts dagegen, dass Frauen dominant oder aggressiv sind, wenn sie das wollen – warum auch nicht? Ich selbst weiß ziemlich gut, was ich will, und mache meinen Mund auf. Aber wo ist der Spaß geblieben? Die Freude? Wo ist das gute Gefühl dabei? Die Selbstwertschätzung und die Begeisterung?

Wir sind so verbissen – selbst bei Dingen, die uns eigentlich guttun sollen: Ich sehe Frauen, die verbissen Yoga machen, akribisch Wunschlisten schreiben und bis zur völligen Erschöpfung Visualisierungscollagen ihrer Träume abarbeiten, Glücksratgeber lesen anstatt auszugehen und Spaß zu haben und sich regelmäßig zum Meditieren zwingen.

Ich sehe Frauen, die fast alles dafür tun, einen schönen (in ihren Worten: akzeptablen) Körper zu haben, der den gängigen Schönheitsidealen entspricht – und die sich dann darüber beschweren, dass sie immer Männer kennenlernen, die sie auf genau diesen Körper reduzieren.

Ich sehe Frauen, die diszipliniert und angestrengt studieren, sich in ihrem Unternehmen aufopfern und immer bereit sind, noch eine Schippe draufzulegen, um beweisen zu können, dass sie mindestens so gut sind wie ihre männlichen Kollegen, die die Wochenenden meist ausgebrannt, müde und allein zu Hause verbringen und das viele Geld, das sie verdienen (und was übrigens immer noch viel zu wenig ist, wenn du mich fragst), benötigen, um den Stress und die Leere irgendwie zu kompensieren mit „Belohnungen“, die sie nicht bräuchten, wenn sie sich nicht selbst ausbeuten würden.

Ich sehe Frauen, die todunglücklich sind, weil sie keinen Partner haben und immer noch glauben, es wäre die Erfüllung aller Träume oder zumindest ihre Bestätigung als Frau, von einem Mann als Partnerin anerkannt und damit endlich als „gut genug“ validiert zu werden. Und so verbringen sie ihre Zeit mit Dingen und an Orten, auf die sie eigentlich überhaupt keine Lust haben, und machen dabei ein Gesicht, das jeden Mann zuverlässig davon abhält, sie kennenlernen zu wollen.

Viele Frauen verbringen ihre Zeit mit Dingen und an Orten, auf die sie eigentlich überhaupt keine Lust haben.

Und ich sehe auch Frauen, die von einer Beziehung oder Affäre in die nächste rennen und vollkommen genervt davon sind, dass die Männer sich nicht so verhalten, wie sie es brauchen, und sich abarbeiten daran, geliebt zu werden – nur mit den völlig falschen Mitteln. Lass mich dir etwas verraten:

Gute Dinge passieren, wenn du dich gut fühlst.

Die Gesellschaft, in die wir geboren sind, konditioniert uns darauf, dem Schmerz und der Anstrengung zu huldigen: *No pain, no gain*. Wer schön sein will, muss leiden. Von nix kommt nix. Du musst dich schon anstrengen! Vor fünf Uhr Feierabend – das ist ja ein halber Tag Urlaub!

Doch am Ende führt das nicht zu dem Leben, das wir uns wünschen, sondern zu einem Leben, in dem wir permanent angestrengt sind. Und in dieser Anstrengung können wir nichts erschaffen, das nicht ebenfalls diese Energie des Angestrengten, Verbissenen, Ermüdenden in sich trägt: Dann haben wir vielleicht eine Beziehung – und müssen an der Beziehung arbeiten. Dann haben wir Freunde und müssen unseren Freundeskreis pflegen. Dann haben wir den „Traumjob" und müssen uns richtig anstrengen ... Aaaaaaaaaaah!

Es ist ja nicht so, dass wir nie Spaß und Vergnügen hätten – es hat nur keine Priorität. Genau das sollte es aber haben – denn genau hier liegt der große Schatz für uns Frauen begraben. Und er ist viel einfacher zu heben, als wir bisher dachten: Wir müssen uns nicht anstrengen dafür – im Gegenteil: Anstrengung ist es, die ihn überhaupt erst vergraben hat.

> Die Fähigkeit einer Frau, Freude und Vergnügen zu empfinden und auszustrahlen, hat einen elektrisierenden, magischen Effekt.

Die Fähigkeit einer Frau, Freude und Vergnügen zu empfinden und auszustrahlen, hat einen elektrisierenden, magischen Effekt auf sie und andere: Wenn eine Frau auch nur anfängt, darüber nachzudenken, was ihr Freude bereitet, fühlt sie es sofort und beginnt zu leuchten. Wenn sie beginnt, alleine diese Gedanken mit jemand anderem zu teilen, kann er das ebenfalls spüren.

Unsere Kraft steigt mit jedem Moment, in dem wir uns mit unserem Vergnügen, unserem Wohlbefinden und mit all dem beschäftigen, was uns Freude macht. Probiere es direkt aus:

Schreibe jetzt gleich zehn Dinge auf, die dir Freude machen. Tätigkeiten und Erlebnisse, bei denen du Spaß hast, dich wohlfühlst oder die dich glücklich machen. Das können ganz einfache Dinge sein wie Eis essen, schaukeln oder ein langer Spaziergang, der Duft von frischgebackenem Kuchen oder das wohlige Gefühl einer heißen Badewanne. Aber auch größere Dinge: Erinnerungen an besonders schöne Erlebnisse in der Vergangenheit.

Wenn du zehn Situationen hast, die dich mit Freude und Vergnügen erfüllen, geh sie alle im Geiste kurz noch mal durch: Stell sie dir bildlich vor – was kannst du sehen, hören, fühlen, riechen oder schmecken?

Danach fühl in dich selbst hinein: Wie geht es dir jetzt? Klar, wirst du sagen, geht es dir besser, wenn du an etwas Schönes denkst. Aber jetzt, wo du diese zehn Dinge auf einem Zettel stehen hast, mach ein weiteres Experiment: Wenn mal wieder Selbstzweifel in dir aufsteigen, wenn du Angst vor etwas hast oder besonders nervös bist – oder wenn du einfach einen schlechten Tag hast und an dir herummeckerst: Hol den Zettel hervor und geh die zehn Situation durch. Schau, was passiert!

Unser Selbstbewusstsein steigt in dem Moment, wo wir nicht mehr darüber nachdenken, was wir tun müssen, um gut genug zu sein und es anderen recht zu machen, sondern erkennen, dass wir wundervolle, göttliche Wesen sind und mühelos eine Welt kreieren können, in der Freude, Zufriedenheit, Respekt, Sinnlichkeit, Genuss und Frieden die Leitmotive sein können. Alleine dadurch, dass wir uns darauf fokussieren und sie als wichtig erachten.

Und einer der wichtigsten Schlüssel dafür ist Freude und Vergnügen. Der Zustand, für den es im Englischen das wundervolle Wort *joy* gibt: eine genussvolle Freude, die in ihrer Übersetzung auch Begriffe wie Lust, Wonne und Entzücken enthält.

Ich zeige dir auf den nächsten Seiten Schritt für Schritt, wie du nach und nach all das loswirst, was dir nicht nützt und dich nicht zufriedenstellt, und wie du dafür mehr und mehr all das in dein Leben holst, was dir Freude, Kraft und Vergnügen bringt.

Sehr gute Dinge passieren, wenn du lernst, wirklich zu wollen, anzunehmen was dir zusteht, und wann du dich gut fühlst. Lass mich dir den Weg zeigen.

WAS DU AUS DIESEM KAPITEL MITNEHMEN KANNST

- Viele Frauen leben bis heute in der Selbstausbeutung und Selbstaufopferung, weil es ihnen an guten Vorbildern fehlt, ihre Rechte und Freiheiten zu nutzen und zu genießen.
- Frauen haben eine höhere Tendenz zum Selbstzweifel und zum „Sich selbst klein machen" als Männer.
- Es ist eine männliche Welt mit männlichen Regeln und männlichen Prinzipien, in der wir gleichberechtigt sein und bestehen wollen.
- Wenn eine Frau sich Stärke bei Männern abschaut, wird sie in der Regel nicht stark – sie wird eher hart. Und das ist nicht unbedingt hilfreich und fühlt sich in den meisten Fällen auch nicht gut an.
- Freude und Vergnügen sind eine Quelle von weiblicher Stärke und ein Ausweg aus dem Höllen-Hamsterrad.

DU BESTIMMST – OB DU WILLST ODER NICHT

„Du hast leicht reden“, kannst du dir jetzt denken: „Freude und Vergnügen – schön wär's! Das Leben ist nicht so einfach! Ich muss nämlich ...“

Keine Sorge, ich kenne alle deine Argumente. Viele davon kenne ich aus eigener Erfahrung und habe sie früher selbst benutzt. Ich kann gut verstehen, wenn du jetzt denkst, dass das, was ich beschreibe, zwar auf dich zutrifft, es aber gerade für dich wirklich nicht anders geht. Denn genau deshalb habe ich dieses Buch geschrieben: um dir zu zeigen, dass und wie es geht.

Dazu würde ich dir zunächst gerne ein paar Fakten aus der Wissenschaft präsentieren – kein esoterisches Geschwafel, sondern bewiesene, harte Fakten.

Vielleicht erinnerst du dich an das Lied von Pippi Langstrumpf, in dem es heißt „Ich mach mir die Welt, widdewiddewie sie mir gefällt“. Und ich weiß oft nicht, ob ich schmunzeln soll oder eher betroffen sein über den Ausspruch, dass die Welt „mehr Pippis und weniger Annikas“ bräuchte. Denn:

> Jede von uns macht sich die Welt, wie sie ihr gefällt.

1. Jede von uns macht sich die Welt, wie sie ihr gefällt (auch wenn uns das nicht immer klar ist – aber genau darum geht es in diesem Kapitel).

2. Vielleicht bist du ja eine Annika – und vielleicht gefällt es dir sogar, eine Annika zu sein. Dann solltest du wenigstens kein schlechtes Gewissen haben müssen dabei. Nicht jede will eine Pippi sein. Und außerdem gibt es noch tausend andere Vorbilder.

Letztlich kannst du tatsächlich sein, wer immer du möchtest, und du bestimmst, in welcher Welt du lebst. Was die meisten von uns davon abhält, ein Leben mit Freude und Vergnügen zu führen, ist „die Welt da draußen“: die Gesellschaft, die anderen, die Anforderungen, das System – nenn es, wie du willst. Ich habe gute Nachrichten für dich:

„Die Welt da draußen" existiert nicht.

Das ist eines der wohl wichtigsten Dinge, die ich in den letzten Jahren gelernt habe. Lass mich dafür etwas ausholen, denn wenn du das ganze Ausmaß dieser Aussage einmal verstanden und verinnerlicht hast, wird sich vermutlich auch in deinem Leben vieles verändern.

Deine Wahrnehmung bestimmt deine Welt

Die Wissenschaft vieler Bereiche wie zum Beispiel die Neurowissenschaften und Gehirnforschung kann in den letzten Jahren immer mehr feststellen, dass unsere Wahrnehmung mehr aus dem besteht, was wir erwarten, als aus dem, was tatsächlich um uns herum passiert.

Gerhard Roth, Biologe und Hirnforscher, bestätigte in einer Reportage zum Thema Gehirn und Wahrnehmung im Auftrag von arte: „Für die Wahrnehmung gilt generell, dass das wichtigste Sinnesorgan unser Gedächtnis ist. Wir sehen zu 99 % das, was in unserem Gedächtnis vorhanden ist, und nur etwa 1 % kommt aktuell über die Sinnesorgane hinzu.“ Stephen Machnik, Neurowissenschaftler am Barrow Neurological Institute in Phoenix formuliert es in der Reportage so: „Doch, es gibt die Welt da draußen – aber Sie sind nie dort gewesen!"

Ja, du hast richtig gelesen. Das, was du für „die Realität" hältst, besteht zu etwa 99 % aus dem, was du für die Realität *hältst*. Nicht aus dem, was die Realität möglicherweise tatsächlich ist. Die Welt „da draußen" existiert zwar – doch bist du diejenige, die deine Gedanken denkt und deine Gefühle erlebt und damit maßgeblich beeinflusst, was *für dich* Realität ist: „Da draußen" gibt es Milliarden von Informationen, die du wahrnehmen *könntest*. Allerdings bist du sozusagen „vorprogrammiert", wenn es um das geht, was du tatsächlich wahrnimmst. Das meiste davon nimmst du gar nicht wahr, du „denkst es dir" einfach dazu bzw. du nimmst wahnsinnig viel nicht wahr. Du bist mit deinen Gedanken beschäftigt und bekommst oft nur den kleinen Teil mit, der zu diesen Gedanken passt.

Wir sehen zu 99 % das, was in unserem Gedächtnis vorhanden ist, und nur etwa 1 % kommt über die Sinnesorgane hinzu.

Ein praktisches Beispiel: Vielleicht hast du dir schon mal ein Auto gekauft? Dann ist dir möglicherweise aufgefallen, dass ab dem Moment der Entscheidung für ein bestimmtes Modell gerade dieses plötzlich überall unterwegs zu sein schien. Natürlich waren nicht auf einmal mehr Autos dieses Typs unterwegs – sie sind dir eben nur öfter aufgefallen, weil du durch deine Kaufentscheidung gerade dieses Auto besonders im Blick hattest.

Du bist mit deinen Gedanken beschäftigt und nimmst nur den kleinen Teil wahr, der zu diesen Gedanken passt.

Genau so geht es dir mit allem anderen auch: Du siehst nicht nur aus hunderttausenden von Autos gerade das, das du selbst neu hast oder kaufen möchtest, du siehst, hörst und fühlst auch aus unzähligen anderen Eindrücken immer genau das, was zu dem passt, womit du dich gerade beschäftigst, was du schon kennst und was dir wichtig ist.

Dabei ist es egal, ob es etwas ist, das du möchtest, oder etwas, das du fürchtest oder vermeiden willst. Du selbst programmierst dich quasi beständig darauf, was aus den Milliarden Informationen um dich herum für dich besonders relevant ist und deshalb deine Aufmerksamkeit findet und was an dir vorbeigeht, wie die hunderttausend anderen Autos, die eben nicht deiner aktuellen Wahl entsprechen.

Wie „die Welt" ist, wird bestimmt von dem Teil der Welt, den du wahrnimmst, und davon, was du dir dazu denkst – und was das ist, wird von dir selbst bestimmt.

Natürlich hast du auf einen Teil deiner „Programmierung" zunächst nicht so viel Einfluss gehabt: Die Prägungen, die du als Kind erfahren hast, sind nicht immer bewusst und auch nicht mit deinem Einverständnis erfolgt. Oder du hast nicht gelernt, auf die Dinge und Zeichen zu achten, die hilfreich für dich sein könnten. Und so sind momentan vermutlich auch noch Glaubenssysteme in dir wirksam, die für Wahrnehmungen sorgen, die du eigentlich nicht haben möchtest.

Die Prägungen, die du als Kind erfahren hast, sind größtenteils nicht bewusst.

Ich sehe in meinem „Komm in Kontakt"-Training immer wieder, wie schwer sich Menschen damit tun können, Blickkontakt oder andere Signale von Freundlichkeit und Interesse wahrzunehmen. Und was für einen Unterschied es macht, wenn sie es dann können. Und es hat nur mit einer Sache zu tun: ob sie glauben können, dass jemand Interesse an ihnen haben kann, sie tatsächlich anschauen würde und kennenlernen möchte.

Entgegen der Meinung mancher Menschen ist es möglich – und tatsächlich auch gar nicht so schwer –, Prägungen und Glaubensmustern auf die Spur zu kommen und sie nachhaltig zu verändern. Ich werde dir das im Verlauf dieses Buchs gerne zeigen. Für den Moment jedoch folge mir dahin, wo die Welt in deinem Kopf überhaupt erst entsteht.

Die Welt ist in deinem Kopf

Ganz egal, was „da draußen“ alles so los ist – für dich ist *das* entscheidend, was du von all dem wahrnimmst.

Was davon findet deine Aufmerksamkeit? Was erwartest du und was verbindest du damit? Denn nur das ist in diesem Moment relevant für das, was du als „die Welt da draußen“ ansehen kannst. Es ist nur ein kleiner Bruchteil von dem, was wirklich da ist.

> Jede Information ergibt in deinem Kopf das Bild der Welt, die dich augenblicklich umgibt.

Jede Information – alles, was du sehen, hören, fühlen, riechen, schmecken und möglicherweise sonst irgendwie wahrnehmen kannst und dem du deine Beachtung schenkst – ergibt in deinem Kopf das Bild der Welt, die dich augenblicklich umgibt. Ein sehr lückenhaftes Bild, da du eben nur Bruchteile dessen wahrnimmst, was da draußen tatsächlich ist.

Diese „Bruchteile“ passieren dann noch einige Filter und werden von dir bewertet:

- Mag ich das oder eher nicht?
- Will ich das?
- Passt es zu mir?
- Passt es in meine Pläne für jetzt gerade?
- Kann ich damit umgehen oder bin ich überfordert?

Und als wäre das nicht schon genug, werden sie von dir bzw. deinem Gehirn durch Erinnerungen „ergänzt“:

- Woher kenne ich das? Woran erinnert es mich?
- Welche Erfahrungen habe ich damit?
- Was bedeutet diese Wahrnehmung für mich?
- Was, glaube ich, kann als Nächstes passieren bzw. was ist schon mal passiert? Wovor fürchte ich mich, was passieren könnte, oder was erhoffe ich mir?

Innerhalb von Millisekunden bewertet unser Gehirn jede Information, interpretiert sie und trifft quasi im „Autopilot-Modus“ zig Entscheidungen für uns, die immer damit zu tun haben, was wir schon kennen, was wir mögen, was wir wollen oder glauben, was wir uns zutrauen und so weiter.

Die Welt ist nicht „objektiv“ zu betrachten, denn betrachtet wird sie ja immer von uns ... und jeder Mensch kann als „Subjekt“ die Welt eben nur „subjektiv“ betrachten. Und so gibt es eben gar nicht „*die* Welt“, sondern nur „meine Welt“ bzw. „deine Welt“.

Selbst wenn wir dieselbe Sache oder Situation betrachten würden, würden wir vermutlich etwas Unterschiedliches sehen, denn aufgrund unterschiedlicher Erfahrungen, Prägungen, Wünsche und so weiter bedeutet für jeden Menschen jede noch so „sachliche“ Sache etwas anderes.

Deine Gedanken erschaffen deine Welt.

Es ist im Grunde fast egal, was „da draußen“ ist, denn deine Welt besteht einzig aus dem, was du wahrnimmst, wie du das Wahrgenommene bewertest und welche Konsequenzen du für dich daraus ableitest.

Wir nutzen das, was wir wahrnehmen, um darauf zu reagieren und mit dem zu interagieren, was wir wahrnehmen. Dafür benutzen wir unseren „Erfahrungsfundus“. Er besteht aus Erinnerungen an ähnliche Situationen und aus Regeln, die wir selbst aufgestellt haben – die aber nicht zwangsläufig „richtig“ sein müssen.

> Es ist im Grunde fast egal, was „da draußen" ist, denn deine Welt besteht einzig aus dem, was du wahrnimmst und wie du es bewertest.

Wie dein Leben also gerade läuft, wie die anderen so sind, was „typisch“ ist, was „immer wieder“ passiert, was richtig oder falsch ist – es hat einzig mit deinen Entscheidungen zu tun. Zwar sind diese Entscheidungen größtenteils unbewusst, aber sie werden „gefüttert“ von dem, wofür du dich jeden Tag aufs Neue entscheidest:

Eigentlich könnten wir uns jederzeit entscheiden, etwas anderes gelten zu lassen, andere Aspekte dessen zu sehen, was wir zu sehen glauben, andere Dinge zu tun, etwas Neues auszuprobieren. Es wäre eigentlich nur eine Frage der Entscheidung.

Die Entscheidung liegt bei dir

Du könntest (und darfst) anders entscheiden, wie du dich selbst und die Menschen siehst, oder über deine Vorstellung davon, was „richtig“ oder „falsch“ ist, deine Wünsche, Ängste, Träume, deine Vorstellung von „normal“ und so weiter und so fort.

Wenn du deine Gedanken veränderst, veränderst du dich, und dann verändert sich die Welt.

Würdest du andere Entscheidungen treffen, würden sich daraus andere Konsequenzen ergeben. Und plötzlich wäre alles anders. Der Grund, warum wir das oft nicht tun, ist, weil wir es vermutlich nicht glauben wollen. Und weil der Mensch ein Gewohnheitstier ist: „Ich kann doch jetzt nicht einfach irgendwas anderes über mich denken?“ – Warum denn eigentlich nicht?

Wenn du dir aussuchen könntest, was du denkst, glaubst und erwartest: Mal ehrlich! Was möchtest du denn gerne denken und glauben können? Was würdest du lieber für wahrscheinlich halten und erwarten als das, was du momentan denkst, glaubst, erwartest oder für wahrscheinlich hältst – über dich, über Männer, über Liebe, über deine Fähigkeiten, Möglichkeiten, dein Leben ... gibt es da nicht das ein

Wenn du dir aussuchen könntest, was du denkst, glaubst und erwartest: Was möchtest du denn gerne denken und glauben können?

oder andere, das in deinen Augen vielleicht „unrealistisch“ ist, aber viel, viel schöner wäre?

Seit einigen Jahren habe ich ein Online-Coaching-Programm entwickelt, das „Werde echt!“ heißt und sich mit Selbstvertrauen und Authentizität beschäftigt. Ich konnte beobachten, dass der Grad der Veränderung bei meinen Teilnehmern am Ende tatsächlich am meisten davon abhing, wie sehr sie bereit waren, ihre Gedanken über sich selbst, ihre Vergangenheit und ihre Möglichkeiten zu verändern.

Und dann wurde es besonders spannend: Denn wer begonnen hatte, seine Gedanken und seine Entscheidungen zu verändern, konnte feststellen, dass sich nach und nach auch seine Umwelt veränderte. Doch das ist noch nicht alles. Es wird noch ein wenig verrückter.

Dein Körper besteht aus vielen Milliarden Zellen, die – wie von Zauberhand zu einem Gesamtkunstwerk verwoben – miteinander interagieren. Allein das ist ja schon ein richtiges Wunder. Ursprünglich bist du aus zwei Zellen entstanden: einer Eizelle und einer Samenzelle. Sie haben sich zusammengetan, sind verschmolzen, und haben dann begonnen, sich zu teilen: Aus der einen wurden zwei, daraus vier, daraus acht, 16, 32 und so weiter. Ist es nicht verrückt, dass zum Beispiel dein linkes Ohrläppchen aus Milliarden von Zellen besteht, von der jede Einzelne derselben Zelle entsprang wie die, aus denen heute deine Augen, dein Magen oder dein Daumennagel bestehen?

Dein Körper besteht aus vielen Milliarden Zellen, die miteinander interagieren.

Und mehr noch: Deine Zellen regenerieren sich regelmäßig. Das heißt, sie erneuern sich weiterhin beständig durch Teilung, und alte Zellen sterben ab. Eine Zelle in deinem Körper „gebiert“ also neue Zellen und stirbt dann ab.

Dein Skelett zum Beispiel wird alle zehn Jahre komplett ersetzt. Deine Rippenmuskulatur bringt es auf ein maximales Alter von 15 Jahren, knapp geschlagen vom Dünndarm, der sich alle 16 Jahre erneuert. Die Leber erlebt sogar schon alle zwei Jahre eine solche Verjüngungskur. Und die Haut wird nicht einmal zwei Wochen alt. Das

Durchschnittsalter sämtlicher Zellen eines Erwachsenen dürfte bei sieben bis zehn Jahren liegen. Nur wenige Organe bestehen nicht aus sich beständig erneuernden Zellen – neben den Zellen der Augenlinse sind die Eizellen und auch die Nervenzellen der Großhirnrinde „einmalig“.

Im Durchschnitt sind wir so gesehen insgesamt etwa achteinhalb Jahre alt. Das alleine finde ich schon faszinierend. Aber ich möchte dich gar nicht für Biologie begeistern, sondern für etwas ganz anderes: Du bestehst aus Milliarden von Zellen, und deine Zellen bestehen – wie alles auf der Welt – aus Atomen. Ein Atom wiederum besteht aus einem Atomkern (Protonen und Neutronen) und aus Elektronen, die um diesen kreisen und im Vergleich zum Kern noch um ein Tausendfaches winziger sind.

Der Abstand – das „Nichts“ – zwischen Atomkern und den darum herum rotierenden Elektronen ist so groß, dass er hochgerechnet auf für uns nachvollziehbare Größen etwa so aussähe: Der Atomkern des Wasserstoffatoms (das einfachste aller Atome) besteht aus einem Proton, und in seiner Atomhülle hält sich ein Elektron auf. Könnten wir dieses Atom 1 000-billionenfach vergrößern, dann hätte der Atomkern – das Proton – einen Durchmesser von rund 1,70 m, und in etwa 50 km Entfernung würde ihn ein einzelnes, höchstens 0,2 mm großes Elektron umkreisen.

> Ein Atom besteht im Grunde mehr aus „Nichts" als aus „etwas".

Und so – nur komplexer durch mehr Protonen und mehr Elektronen – verhält es sich mit allen Atomen aller Stoffe, die wir kennen, also auch mit denen, aus denen du bestehst: Sie alle bestehen aus einem Atomkern aus Protonen und Neutronen und Elektronen, die in einem sehr, sehr weitem Abstand um sie herum rasen. Sie bestehen damit deutlich mehr aus „nichts“ als aus „etwas“.

Die „Hülle“ eines Atoms ist keine echte Hülle, sondern sie entsteht aus der Rotation der winzigen Elektronen um die Protonen und Neutronen und ist so schnell, dass es uns vorkommt, als hätte das Atom eine feste Hülle. So wie bei einem Ventilator, der wie ein Kreis wirkt, wenn er sehr schnell rotiert.

Stell dir das mal vor: Ich bin ca. 1,70 m groß – wie schnell müsste ein Stecknadelkopf sich bewegen, wenn er im Abstand von 50 km um mich herumrast, damit es wirkt, als wäre in diesem Abstand um mich herum eine „Hülle“ – und das ja nicht nur in einer Dimension, sondern in allen Richtungen um mich herum – auch über und unter mir?

Die Elektronen rotieren so schnell um den Atomkern, dass es wirkt, als hätte das Atom eine feste Hülle.

Deine Gedanken sind Energie

Alles im Universum besteht aus Atomen, daher ist alles im Universum – inklusive deiner – aus „fast nichts“ als dieser unglaublichen Energie gemacht.

Es muss eine ungeheure Energie am Werk sein, die einerseits bewirkt, dass die negativ geladenen Elektronen sich in einer so unvorstellbaren Geschwindigkeit bewegen, dass sie eine „Hülle“ erzeugen können und dabei nicht von den positiv geladenen Protonen angezogen werden, und die andererseits auch verhindert, dass die positiv geladenen Protonen selbst einander nicht abstoßen und so das Atom zerstören würden.

Diese Energie ist immer da. Seit die Quantenphysik immer erstaunlichere Entdeckungen in Bezug auf Materie und Energie macht, liegen Wissenschaft und esoterische Konzepte manchmal nicht mehr so weit auseinander. Energie ist fühlbar und sogar messbar. Auch deine Gedanken sind Energie. Man könnte sie gewissermaßen als „Energie-Schwingungen“ bezeichnen. Und du hast die Chance, diese Energie zu beeinflussen. Der „Anzeiger“ (quasi der Tachometer), wie deine Energie gerade ist, sind deine Gefühle.

Auch deine Gedanken sind Energie.

Der Psychiater, Arzt und Forscher David R. Hawkins hat eine Art „Bewusstseinshierarchie“ erstellt, die uns zeigt, welche Bewusstseinszustände eine niedrige und welche eine hohe Energie („Schwingung“) haben: die sogenannte Hawkins-Skala. Die Wissenschaftlichkeit seiner Methode mag dahingestellt sein, dennoch ist sie für unsere Zwecke nützlich:

Seiner Skala zufolge hat zum Beispiel Wut eine höhere Schwingung als Apathie. Und das ist durchaus auch praktisch nachvollziehbar: Wenn du apathisch und deprimiert bist, tust du meistens gar nichts. Und auch, wenn Wut immer noch eine „negative“ Emotion ist, ist es sehr viel wahrscheinlicher, dass die Wut dir die Motivation gibt, etwas an der Situation zu verändern, über die du dich ärgerst. Es ist also sehr viel einfacher, von Wut in einen besseren Zustand zu kommen als von Apathie oder auch Angst.

Die Theorie, die ich in der Praxis vielfach bestätigt sehe, besagt, dass unsere Schwingung Menschen anzieht, die auf gewisse Schwingungen reagieren, weil sie sich ähnlich fühlen bzw. weil sie von ihrer Art her zu dem passen, was du ausstrahlst. Im sogenannten „Gesetz der Anziehung“ geht man davon aus, dass Gleiches sich anzieht. Ich sehe das noch etwas differenzierter:

Du ziehst mit deiner Schwingung Menschen an, die sich zu dieser Schwingung hingezogen fühlen.

Vielleicht ging es dir auch schon mal so, dass du frisch verliebt warst und plötzlich ständig „Angebote“ bekommen hast: Dass Männer mit dir geflirtet haben und du viel öfter angesprochen und angelächelt wurdest als sonst. Das lag an deiner Ausstrahlung – denn „Ausstrahlung“ ist einfach nur ein anderes Wort für „Schwingung“: Wie du „drauf bist“, strahlt nach außen und zieht Menschen an. Es ist nicht nur deine Mimik – es ist viel mehr als das, dein verliebtes Inneres strahlt nach außen und wirkt anziehend.

Menschen, die sich selbst nicht respektieren und sich schlecht behandeln, ziehen oft wie magisch Menschen an, die sie dann ebenfalls nicht respektieren und schlecht behandeln. Sprich: Wenn du dich gerne quälst, findest du „passende“ Menschen, die sich dazu hingezogen fühlen und dich auch gerne quälen. Und dann findest du auch andere passende Menschen, die sich gerne quälen und deshalb von anderen gequält werden, mit denen du dich darüber austauschen kannst, wie schlimm das alles ist und wie schlecht du immer behandelt wirst.

Menschen, die sich selbst nicht respektieren, ziehen oft wie magisch Menschen an, die sie ebenfalls nicht respektieren.

Der Paarpsychologe Michael Lukas Moeller beschreibt in seinen Büchern sehr anschaulich (aber auch ein wenig verstörend), wie Anziehung zwischen zwei Menschen entstehen kann: „Unbewusstes erkennt Unbewusstes irrtumslos“ erklärt er: Mit „geistergleicher Genauigkeit“, wie Moeller es nennt, suchen wir uns einen Menschen aus, der zwei Eigenschaften für uns verkörpert: die Möglichkeit, traumatische Beziehungserlebnisse zu reinszenieren, und die Aussicht, diese Traumata mit diesem Menschen oder durch ihn auflösen zu können. Man könnte auch sagen: Ohne dass wir es bewusst steuern, verlieben wir uns in einen Menschen, der Emotionen in uns auslöst, an die wir alleine nicht herankommen, die aber irgendwie wichtig für uns sind. Etwas in der Ausstrahlung dieses Menschen zieht uns magisch an. Und das muss nicht immer etwas Positives sein. Ob wir nun wollen oder nicht:

Wie sich die Informationen – sprich: die Welt – um dich herum verhält, hat sehr viel damit zu tun, was du erwartest und welche Information du selbst hineingibst.

Du könntest nun sagen: „Klar, wie es in den Wald hineinruft, so schallt es heraus“, aber so einfach ist es nicht, denn vieles von dem, was wir da „hineinrufen“, ist uns gar nicht bewusst. Unser Fokus liegt meist auf dem „Wie es herausschallt“, und wir bringen das gar nicht in Verbindung mit dem, was wir hineingerufen haben. Das aber können wir beeinflussen! Vieles von dem, was für dich heute „wahr“ und „real“ ist (auch und gerade das Unerfreuliche), ist das Ergebnis deiner unbewussten Glaubenssysteme. Und auch, wenn sie unbewusst sind, lassen sie sich aufspüren und verändern.

Vieles von dem, was wir „in den Wald hineinrufen", ist uns gar nicht bewusst – wir bemerken meist nur das, was herausschallt.

Du bist nicht das Opfer deiner Gene

Dazu habe ich direkt noch eine verrückte Wahrheit für dich. Der Epigenetiker Bruce Lipton konnte nachweisen, dass nicht die gengesteuerten Hormone und Neurotransmitter unseren Körper und unseren Verstand kontrollieren, sondern unser Glaube und unsere Überzeugungen. Er erkannte, dass das Leben einer Zelle auch durch ihre physische und energetische Umgebung bestimmt wird, nicht nur durch ihre Gene.

Das Leben einer Zelle wird auch durch ihre physische und energetische Umgebung bestimmt, nicht nur durch ihre Gene.

Mit anderen Worten: Er stellte die These auf, dass Vererbung und Konditionierung (also Prägung und Erziehung) in dem Moment, wo *du* dich für etwas anderes entscheidest, in den Hintergrund treten. Und was lernen wir daraus? Egal wie absurd oder abstrakt das im ersten Moment klingen mag:

Die Welt „gehorcht" dir – du bestimmst, in welcher Welt du lebst. Ob du willst oder nicht.

Das Ganze hört sich im Moment vielleicht noch sehr theoretisch an – was hat dein Alltag mit Quantenphysik oder Epigenetik zu tun? Und was hat das alles mit deinem Leben, deiner Weiblichkeit und deiner Freiheit zu tun? Ich werde dir auf den nächsten Seiten sehr praktische Beispiele und Anwendungsmöglichkeiten dafür geben. Ich möchte nur sicher sein, dass du gut Bescheid weißt darüber, auf welcher Grundlage wir Spaß haben werden.

Wenn ich dir sage, dass du selbst bestimmst, wie dein Leben läuft, dann kannst du dazu natürlich nicken und sagen: „Jaja, du hast gut reden!“ – aber jetzt krieg ich dich dran, denn die Wissenschaft hat gezeigt: Wie dein Leben läuft, hat damit zu tun, was du denkst, was du dir zutraust, was du dir wünschst, was du glaubst, woran du dich erinnern möchtest und was du vorhast.

Und hier geht es nicht darum, dass du etwas tun sollst, was du gar nicht kannst, oder Dinge tun musst, mit denen du deine Mitmenschen verärgerst und Gesetze brichst, oder dass du von heute auf morgen jemand sein sollst, der du gar nicht bist – nein, es geht darum, dass du erkennst, dass du selbst viel mehr Einfluss auf das hast, was du bisher vielleicht oft als unabänderlich, als harte Fakten oder notwendiges Übel angesehen hast. Allein dadurch, dass du deine Art zu denken veränderst, dass du deine Perspektive oder deinen Fokus veränderst, verändern sich Dinge, verändern sich Situationen, Menschen und letztlich natürlich auch du selbst und dein ganzes Leben.

Nichts ist so, wie es scheint – und doch ist alles so, wie es scheint, und zwar für dich. Und du bestimmst, wie es für dich scheint, und damit bestimmst du quasi alles.

Klingt kompliziert? Ist es gar nicht. Im Gegenteil – es ist sogar so einfach, dass unser Verstand sich einfach weigert zu glauben, dass es so einfach sein könnte. Schließlich kann das alles gar nicht so einfach sein. Stimmt's?! Und deshalb gebe ich dir in diesem Buch ganz viele, ganz praktische Beispiele, wie und wo du das, was du glaubst, denkst und willst, so verändern und strukturieren kannst, dass du das bekommst, was du willst.

Die Freude, von der ich dir geschrieben habe, ist ein Schlüssel dazu: Stell dir einmal vor, dass alles in deinem Körper durchdrungen wäre von Freude: Lebensfreude, Spaß, Wonne, Lust, Verspieltheit, Neugier, Heiterkeit, Entzücken und Liebe. Jede deiner Zellen würde vor Freude vibrieren. Die meisten deiner Gedanken hätten zumindest einen Funken von Freude, Lust und Spaß in sich.

Wie würde sich das auf dein Handeln und deine Ausstrahlung auswirken? Wie würde sich das wiederum auf deine Umwelt auswirken? Wie würde sich das dann auf all das auswirken, was dir „passiert"?

„Ja, aber das ist eben nicht so einfach!", höre ich dich sagen. – „Und was, wenn doch?", frage ich zurück. Hast du es denn schon mal ausprobiert? Willst du überhaupt wissen, wie es geht? Klingt es nicht verlockend, dich in Zukunft nicht mehr so anstrengen zu müssen, dich selbst weniger zu quälen? Mehr Spaß zu haben, dich besser zu fühlen, dich besser leiden zu können und damit dann auch noch deine Ziele zu erreichen?

Klingt es nicht verlockend, dich in Zukunft nicht mehr so anstrengen zu müssen, dich selbst weniger zu quälen?

Das ist doch einen Versuch wert, oder nicht? Also: Arsch hoch, Baby, das schöne Leben kommt nicht von außen – sondern aus dir heraus. Lass es uns angehen, du wirst begeistert sein!

WAS DU AUS DIESEM KAPITEL MITNEHMEN KANNST

- Realität ist, was du daraus machst: Deine Gedanken erschaffen deine Welt.
- Alles im Universum ist Energie – auch du.
- Deine Gefühle sind Messinstrumente und Beeinflusser deiner Energie.
- Deine Umgebung ist nur deine Umgebung, weil du dich für sie entschieden hast.
- Wenn du dich veränderst, verändert sich auch deine Umgebung.
- Dein Geist und deine Fantasie sind stärker als deine Gene und deine Prägung.

WAS BEDEUTET DAS FÜR DICH UND IN DEINEM LEBEN?

____

____

____

____

____

NUTZE DIE DREI GRÖSSTEN KRÄFTE IM UNIVERSUM

Ich hoffe, du hast die Nachrichten und Erkenntnisse des letzten Kapitels gut verdaut, denn jetzt geht es erst richtig los. Das zu verstehen, ist eine Sache (und eine wichtige), aber die praktische Anwendung dieser Erkenntnisse ist es, die dein Leben verändern wird.

Dieses Kapitel ist Stufe 1 auf deinem Weg zu einem wundervollen Leben, in dem du gestaltest und genießen darfst und die lustvolle Freude sich in deinem Leben zu einem beständigen Begleiter entwickelt. Jetzt kannst du deine weiblichen „Superpowers“ entwickeln. Und möglicherweise sind das ganz andere, als du bisher vermutet hast!

Es gibt drei Geisteshaltungen, die direkt in die Freude und ins Vergnügen führen. Meiner Erfahrung nach sind wir in dem Alltag, den wir kennen, nicht sehr gut darin, sie zu verwirklichen, und so ist es kein Wunder, dass die Freude so selten in unserem Leben auftaucht.

> Es gibt drei Geisteshaltungen, die direkt in die Freude und ins Vergnügen führen.

Die Kraft dieser Geisteshaltungen und was sie tatsächlich sind und bewirken, wird häufig falsch verstanden und genau deshalb so selten angewendet. Wenn du sie zulässt und lebst, wirst du es sehr schnell sehr viel leichter haben und schon sehr bald dein volles Potenzial ganz mühelos entfalten und deine Kraft zurückbekommen.

Die größten Kräfte des Universums sind:

- Dankbarkeit
- Vergebung
- *Hingabe*

Lass jeden einzelnen dieser Begriffe erst einmal auf dich wirken. Halte inne, bevor du weiterliest, und geh wirklich in dich. Mach dir vielleicht sogar ein paar Notizen. Es geht nicht darum, möglichst schnell weiterzukommen, sondern zu spüren. Beginne jetzt damit und frage dich selbst:

> **Dankbarkeit – was bedeutet das für dich?** Wofür bist du dankbar? Siehst du in der Dankbarkeit vielleicht auch negative Aspekte? Wie geht es dir, wenn du wirklich dankbar für etwas bist? Gibt es Dinge in deinem Leben, die für dich einmal richtig schlimm waren und für die du heute dankbar bist?
>
> **Vergebung – was heißt das für dich?** Kannst du leicht vergeben oder eher nicht? Wie fühlst du dich, wenn du jemandem vergibst? Gibt es Dinge, die du nicht vergeben kannst, oder Menschen, denen du nicht vergeben willst?
>
> **Hingabe – was verbindest du damit?** Bist du überrascht, dass ich dir diesen Begriff als starke Kraft vorstelle? Wie fühlt sich Hingabe für dich an?

Es gibt zu diesen drei Zauberkräften so viele Ideen und Meinungen wie Missverständnisse. Doch wenn du ihre wahre Kraft erkannt und erlebt hast, wirst du sie nicht mehr missen wollen. Sie sind mühelos und der Schlüssel zu einem Leben voller Freude und Liebe. Sie aktivieren deine Kraft – deine weibliche Kraft – und machen dich stark auf eine ganz besondere, unwiderstehliche Art.

Dankbarkeit

Dankbarkeit ist eine der stärksten Kräfte im Universum, weil du durch Dankbarkeit quasi automatisch in die Energie des Empfangens kommst:

Du wirst deine Ziele nicht erreichen durch Bemühung, harte Arbeit, Selbstkasteiung und Schmerz, denn du wirst damit nur noch mehr von dem erschaffen, das Arbeit, Mühe, Verzicht und Schmerz bedeutet, und dein Unterbewusstsein wird seine Wege finden, dich immer wieder dahin zu bringen, wo du herkommst und wo du schon warst.

Wir erinnern uns: Alles im Universum ist Energie. So sind auch deine Gedanken – kleine elektrische Impulse in deinem Gehirn – Energie. Wenn du dir etwas wünschst und dich sehnst, strengst du dich an und bemühst dich, quälst dich vielleicht sogar ... dann ist deine Energie Sehnsucht, Anstrengung, Mühe und Qual. Doch eigentlich wünschst du dir ... was? Sicher etwas anderes, oder?

Wir erinnern uns: Alles im Universum ist Energie.

Meine Geschichte

1999 zog ich von der Bergstraße nach Hamburg und dort mit meinem damaligen Freund zusammen. Gleichzeitig begann ich ein berufsbegleitendes Marketingstudium und fand einen Job in einer schicken, börsennotierten Internetfirma. Doch es lief nicht ganz nach Plan: Drei Jahre später war ich erneut umgezogen, weil mein Freund sich in eine andere Frau verliebt hatte. Die schicke Internetfirma hatte mit einer Gewinnwarnung ihren Sturzflug an der Börse ausgelöst, und auch ich war irgendwann meinen Job los und fand keinen neuen. Zwar hatte ich gerade ein Studium abgeschlossen und dazu bereits zehn Jahre Berufserfahrung, doch der Arbeitsmarkt war voll mit ebenfalls hoch qualifizierten, frisch entlassenen Menschen, die „schlüssigere“ Lebensläufe hatten als ich.

Ich wollte ohnehin nicht mehr im Marketing oder in der Werbung arbeiten. Ich wollte Trainerin und Coach werden. Ich hatte auch bereits eine Ausbildung als Kommunikationstrainerin begonnen. Nur hatten die Art und die Umstände meiner Entlassung sowie ein paar nachfolgende Erfahrungen mit dem Arbeitsmarkt dafür gesorgt, dass ich nicht mehr an das glaubte, was ich mit Teamtrainings oder Vertriebstrainings hätte bewirken können. Mir war schlichtweg die Lust vergangen, Unternehmen dabei zu unterstützen, mehr Leistung aus ihren Mitarbeitern herauszupressen. Ich wollte Menschen helfen – bei wirklich wichtigen Dingen.

Das Thema Männer und Frauen – Psychologie und Kommunikation im Allgemeinen und zwischen Männern und Frauen im Besonderen – hatte mich schon immer interessiert und fasziniert. Schon in meiner Jugend hatte ich ein gutes Verhältnis zu den Jungs um mich herum und oft zwischen ihnen und ihren Freundinnen oder den Mädchen, die ihnen gefielen, vermittelt. Später hatte ich diese Dienste als „Coaching“ angeboten und Männern Feedback zu ihrer Wirkung beim ersten Date inklusive Verbesserungstipps gegeben.

Mein damaliger (neuer) Freund schlug mir vor, doch in diesem Bereich etwas zu tun. Eine Idee war geboren: Coaching, Seminare und Beratung für Männer auf Partnersuche. Sehr bald wurde daraus Coaching, Beratung und Training für Singles, die es nicht bleiben wollen.

> Das Thema Männer und Frauen – Psychologie und Kommunikation im Allgemeinen und zwischen Männern und Frauen im Besonderen – hatte mich schon immer fasziniert.

Ich dachte, ich müsse der ganzen Sache einen Namen geben – einen anderen als meinen eigenen, denn: Wer war ich denn schon? Wer würde sich für Nina Deißler interessieren? Ich erinnere mich noch heute an den Moment, in dem mir ein Begriff einfiel, der später „meine Marke“ werden sollte: Im Bus der Linie 5 in Hamburg hatte ich plötzlich dieses Wort im Kopf: „kontaktvoll“. Ich war aufgeregt – Kontakt und taktvoll und dabei kontaktvoll – ein Begriff aus der Gestalttherapie: kontaktförderndes Sprechen und Verhalten. Ich fand es großartig.

Doch leider nicht großartig genug: Ich glaubte nicht so sehr an mich selbst wie mein damaliger Freund – ich hatte ja nicht mal Psychologie studiert. All mein Wissen hatte ich „nur“ aus der Praxis und aus Büchern, die ich gelesen und dann angewendet hatte. Ich hatte Menschenkenntnis nur aus meinem Umgang mit Menschen. Außerdem war ich viel zu jung, um ein ernst zu nehmender Coach zu sein: Wer will schon hören, was eine 28-Jährige zu sagen hat? Und nach meiner Entlassung, meinen liebesbedingten Umzügen, dem Studium und der Trainerausbildung hatte ich kaum noch Ersparnisse. Ich arbeitete hart und immer härter – heute frage ich mich, woran eigentlich –, und es kam immer weniger dabei heraus.

An meinem 31. Geburtstag war ich erneut Single und vollkommen pleite.

An meinem 31. Geburtstag war ich erneut Single und vollkommen pleite: Direkt an diesem Tag blieb meine EC-Karte im Bankautomaten, weil der Dispo mehr als ausgereizt war. Zwei Tage später wurde mir der Strom abgestellt. Ich wusste nicht mehr weiter. Doch als ich mich selbst da sitzen sah, ohne Geld und ohne Strom, fiel mir etwas ein, das ich kurz zuvor bei einem Vortrag gehört hatte: Wenn du ein eigenes Konto hast (egal, ob mit Geld oder ohne), wenn du ein eigenes Bett besitzt, wenn du sauberes, fließendes Wasser in deinem Haus hast, wenn du eigene Schuhe, ein Telefon und eine sichere und trockene Behausung hast – dann geht es dir besser und du bist reicher als über 90 % aller Menschen auf der Welt. Und ich musste unwillkürlich lächeln – denn ich hatte all das. Ich war pleite und dennoch reich.

Und ich bemerkte, ich hatte noch viel mehr als das – ich hatte Reichtümer, die viele der angeblich reichsten Menschen der Welt nicht haben: Ich hatte Freunde. Ich hatte eine Familie, die mich liebte und zu der ich jederzeit gehen konnte. Ich hatte Talente. Ich hatte Humor, Pragmatismus und Optimismus. Ich hatte die Freiheit, tun und lassen zu können, was immer mir in den Sinn kam. Und egal was jetzt passierte – ich würde niemals unter der Brücke landen. Es würde weitergehen. Alles war gut.

Ich spürte eine tiefe, ergreifende und heitere Dankbarkeit. Ich war glücklich und fühlte mich reich und beschenkt. Ich war froh und erleichtert – einfach so in diesem Moment, nur durch diese Erkenntnis.

Von da an veränderte sich mein Leben tatsächlich und nachhaltig. Es dauerte zwar noch etwas, bis der endgültige Erfolg sich einstellte und ich all die anderen Dinge herausfand und verstand, die mir helfen sollten – aber es ging von da an beständig voran, und ich war nie wieder pleite: Weniger als drei Jahre nach diesem Tag war mein erstes Buch geschrieben und erschienen, meine Kurse waren regelmäßig ausgebucht, und ich war mit meinem Traummann verheiratet, den ich damals noch nicht einmal gekannt hatte.

Aber stopp, bevor das alles zu schön klingt, um wahr zu sein: Es reicht nicht, dass du dir etwas wünschst und dann die Hände in den Schoß legst und denkst: „Mach mal, Universum!“. Natürlich musst du schon auch etwas tun: Wenn du dir einen Partner wünschst, kannst du noch so viele Listen angelegt und noch so viele „Manifestationsübungen“ gemacht haben: Wenn du das Haus nicht verlässt und nie flirtest und auch sonst nichts tust, womit du einen Mann kennenlernen könntest, wird es wohl nicht funktionieren. Andererseits: Du kannst jeden Tag rausgehen und auf sieben verschiedenen Datingportalen unterwegs sein – wenn du bedürftig, misstrauisch, ängstlich, verzagt, gestresst, genervt und/oder verzweifelt bist, wird dir das auch nichts nützen.

Es reicht nicht, dass du dir etwas wünschst und dann die Hände in den Schoß legst.

Um Dankbarkeit zu entwickeln, ist die beste Methode der Welt, all diese Dinge loszulassen und umzuwandeln: Bedürftigkeit, Misstrauen, Angst, Verzagtheit, Stress und Verzweiflung.

Die Kraft der Dankbarkeit

Dankbarkeit versetzt dich in einen Zustand des Empfangens. Als du das letzte Mal ein tolles Geschenk bekommen und es auch wirklich gern angenommen hast; als dir das letzte Mal etwas passiert ist, worüber du unglaublich froh warst – sprich: als du wahrhaft dankbar warst –, wie hast du dich gefühlt?

Wahrscheinlich warst du glücklich, hast dich wertgeschätzt und gesehen oder einfach sehr glücklich gefühlt. Ein offenes, warmes Gefühl in deiner Brust vielleicht? Warst du gerührt? Hattest du das Gefühl, dass du von tollen Menschen umgeben bist und dass du selbst auch ein toller Mensch sein musst, wenn du so ein Geschenk bekommst?

Du bekommst jeden Tag zig Geschenke, es fällt dir nur möglicherweise nicht auf.

Dabei sind es ganz wundervolle Geschenke: Du wachst morgens auf und bist am Leben! Du kannst jetzt sofort tun und lassen, was immer dir gefällt – ohne dass dir irgendetwas Schlimmes zustoßen würde. Auch hast du vermutlich Trinkwasser direkt aus dem Wasserhahn in deiner Nähe und Stromversorgung in jedem Zimmer. Du hast Kleidung und Schuhe, Freunde, Familie, ein Dach über dem Kopf, ein eigenes Konto, ein Telefon, einen Computer. Du kannst auf die Straße treten, ohne dich fürchten zu müssen. Du kannst deine Meinung sagen, wem du willst, ohne dabei um deine Gesundheit, deine Freiheit oder gar dein Leben fürchten zu müssen. Du kannst reisen, wohin du willst – wenn du einen deutschen Pass besitzt, ist das Stand 2019 die Eintrittskarte in 167 Länder dieser Erde (davon zurzeit 127 komplett visumsfrei). Kaum eine andere Staatsbürgerschaft auf der Welt ermög-

Du wachst morgens auf und bist am Leben! Du kannst jetzt sofort tun und lassen, was immer dir gefällt!

licht mehr freies Reisen als die deutsche bzw. österreichische und schweizerische.

Dies ist nur eine kleine Auswahl – ich bin sicher, du findest eine Menge Dinge, wenn du nur hinschaust. Und es lohnt sich:

Je mehr Wertschätzung und Freude du an allem findest, was du bereits hast, und an allem, was dir möglich und erlaubt ist, umso mehr schaffst du die Basis für die Dinge, die noch kommen dürfen.

Du brauchst dafür weder zu meditieren noch Zettelchen mit Selbstliebe- und Dankbarkeitsbotschaften aufzuhängen – lass es in dir sein, als wäre es die natürlichste Sache der Welt, indem du es tust und genießt:

- Nimm es wahr – du bist reich!
- Geh in die Küche und hol dir ein Glas Wasser aus dem Wasserhahn – du bist reich!
- Ruf einen Freund an – du bist reich!
- Leg dich auf dein Bett oder auf dein Sofa – du bist reich!
- Zieh dir ein paar schöne Schuhe an – du bist reich!
- Fahr irgendwo hin – du bist reich!

Und du darfst es auch sein. Es geht nämlich niemandem besser, wenn du dich schlecht, klein, arm oder gestresst fühlst. Verwechsle Dankbarkeit nicht damit, ein schlechtes Gewissen zu haben, weil es dir gut geht und anderen vielleicht nicht. (Das hilft diesen anderen übrigens am allerwenigsten.) Dankbarkeit bedeutet auch, zu genießen, was du hast und bist und darfst. Es kann auch bedeuten, regelrecht in dem zu schwelgen, was dir lieb ist.

In der Energie der Dankbarkeit bist du genau der Mensch, der du sein musst, um alles zu bekommen, was du dir jetzt noch wünschst. Es ist die Energie des Empfangens, und sie wird eine fast schon magische Wirkung entfalten, wenn du sie lässt.

Ich weiß, dass das für manche Leserin eine schwere Aufgabe sein kann: Hör auf, hart zu arbeiten und zu wünschen, zu streben, zu bangen und zu hoffen, und verwende genau diese Zeit dafür, um zu genießen und wertzuschätzen und dich zu freuen über alles, was schon da ist.

Feiere, was du bereits hast

Ganz egal, was dir – deiner Meinung nach – noch fehlt oder wie wenig du auf den ersten Blick hast oder wie schlecht oder unbefriedigend es dir momentan vorkommen mag, was du hast oder wo du bist: Schau auf das, was bereits da ist, und feiere es!

Wir sind so gut darin, immer das zu sehen, was wir nicht haben, und genau diese Aufmerksamkeit für den Mangel vergrößert ihn beständig.

Du kannst dir eine Liste oder ein Buch anlegen, wenn du möchtest. Gerade für den Anfang kann es sehr hilfreich sein, sich an die Dinge zu erinnern, die gut sind und die dir im Laufe des Tages passiert sind. Verschieb es nicht, um dir erst ein besonders schönes Buch zu kaufen, das ist gar nicht notwendig – fang direkt jetzt damit an: Dein Handy hat bestimmt eine Notizfunktion oder du hast einen Stift und einen Fetzen Papier in deiner Nähe liegen.

> Hör auf, zu streben, zu bangen und zu hoffen, und verwende diese Zeit dafür, um zu genießen und dich zu freuen über alles, was schon da ist!

Schreib jetzt und direkt zwanzig Dinge, Menschen, Umstände oder Ereignisse auf, für die du dankbar bist – egal wie groß oder klein sie sind! Schau dich im Raum um – das kann dein geliebter alter Füller sein, der auf deinem Schreibtisch liegt, oder die Lippenstifte, die du besitzt. Die Tatsache, dass du mehr als ein paar Socken besitzt und deine Wohnung Heizung und Fenster hat. Es kann das Lächeln der Verkäuferin im Supermarkt gestern Abend sein, dein guter Gesundheitszustand und, und, und …

Du kannst sie direkt hier aufschreiben:

____

____

____

____

____

Und morgen machst du dasselbe – und das mindestens eine Woche lang: jeden Tag 20 Dinge, Menschen oder Umstände!

Ich erinnere mich, wie die Zufriedenheit meiner Teilnehmer und Teilnehmerinnen im „Werde echt"-Coachingprogramm mit sich selbst, aber auch mit dem Kurs, signifikant stieg, seit ich sie wöchentlich nach ihren „Wins" fragte. Es kommt nicht selten vor, dass eine Teilnehmerin schreibt, dass sie eigentlich der Meinung war, dass ihre Woche ziemlich leer oder sogar negativ war – doch alleine sich selbst die Frage zu stellen zeigte, dass es doch ein paar Dinge gab, die ganz gut oder sogar richtig gut waren, die sie ohne dieses Nachdenken glatt ignoriert hätte. Ich verspreche dir, dass es dir genauso gehen wird:

Dankbarkeit bringt wahre Fülle in dein Leben.

Erinnere dich bei jedem Glas Wasser, das du ab sofort trinkst, bei jedem Mal Zähneputzen und bei jedem Gang aufs Klo daran, wie glücklich, froh und dankbar du sein kannst – wie privilegiert und reich du bist, dass du sauberes Wasser und eine Toilette hast.

Schreib drei (oder mehr) Freunden eine Postkarte und danke ihnen in kurzen, aber ehrlichen Worten dafür, dass es sie gibt und dass sie für dich da sind.

Wenn du in einer Partnerschaft bist: Lege eine Liste an mit Dingen, die du an deinem Partner magst und für die du dankbar bist. Ich weiß aus Erfahrung, wie sehr einem auch der liebste Mensch im Alltag manchmal auf die Nerven gehen kann. Du wirst überrascht sein, welch magische Wirkung es hat, wenn du deinen Fokus wenigstens einmal pro Woche auf all die Dinge lenkst, die gut und schön an deinem Partner und an deiner Partnerschaft sind. Und es wird noch besser: Du kannst dir sogar Eigenschaften „ausdenken", die dein Partner etwas mehr haben dürfte, und dankbar dafür sein, dass er so ist. Was, glaubst du, wird passieren? Lass dich überraschen!

Schreib drei (oder mehr) Freunden eine Postkarte und danke ihnen in kurzen, aber ehrlichen Worten dafür, dass es sie gibt.

Wenn du Single bist: Lege eine Liste mit Dingen an, die du in deinem Leben jetzt, so wie es gerade ist, wirklich gerne magst und für die du dankbar bist. Egal wie sehr du dir einen Partner wünschst: Kein Mann wird hinter dir her sein, weil du dich als Single so elend fühlst. Also beginne wahrzunehmen, dass du dich nicht elend fühlen musst. Die Energie der Dankbarkeit wird dich in einen anderen Zustand versetzen, und du wirst so viel anziehender und sexyer sein.

Lass Dankbarkeit in alle Lebensbereiche fließen – auch und gerade in die, in denen du aktuell unzufrieden bist: Schau auf das, was gut läuft, was da ist, was schön ist. Spüre Dankbarkeit. Wunder werden geschehen, wenn du damit beginnst und Dankbarkeit ein natürlicher Bestandteil deines Wesens und deines Denkens wird.

Lass Dankbarkeit in alle Lebensbereiche fließen – auch und gerade in die, in denen du aktuell unzufrieden bist.

Ganz egal, was du dir noch wünschst: Dankbarkeit für das, was ist, ist der Weg, es zu bekommen.

Wenn du damit einmal angefangen hast, wird es kein Halten mehr geben, und du wirst unweigerlich irgendwann an den Punkt kommen, wo du damit beginnst, sogar dankbar zu sein für Dinge und Erfahrungen in deinem Leben, die dir eigentlich in erster Instanz überhaupt nicht gefallen haben. Und damit wären wir direkt bei der zweiten großen Kraft im Universum.

Vergebung

Vergebung ist das wohl größte Geschenk, das du dir selbst machen kannst, und zu vergeben wird dir so viel Kraft, Energie, Zeit und Macht schenken, dass du dich wundern wirst, wo all das plötzlich herkommen kann.

Vergebung ist das wohl größte Geschenk, das du dir selbst machen kannst.

Lass mich eines gleich vorwegschicken: Beim Vergeben geht es nicht darum, dass du Menschen akzeptierst und mögen sollst, die sich wie totale Vollidioten oder sogar schlimmer verhalten haben, oder dass du schlechtes, grausames oder unfaires Verhalten akzeptierst oder entschuldigst. Es heißt auch nicht, dass du nicht wütend sein darfst oder hinnimmst, wenn dir jemand Unrecht tut. Wenn dir jemand etwas getan hat, das zu deinem Schaden war, dann ist das ohne Frage schlimm und alles andere als in Ordnung.

Aber: Wer auch immer in der Vergangenheit schlecht zu dir war: Die Situation ist längst vorbei, und die betreffende Person lebt manchmal schon gar nicht mehr oder sie lebt noch – und zwar fröhlich, frei und ohne irgendwelche schlechten Gefühle. Du dagegen leidest allein bei dem Gedanken an die Person oder die entsprechende Situation, in der dir Unrecht getan wurde. Du bestrafst also nicht den anderen damit, wenn du nicht vergibst, sondern nur dich selbst. Es schadet nicht ihm, sondern nur dir. Wofür sollte das gut sein? Wie unangenehm und vor allem unnötig:

Anderen nicht zu vergeben ist wie immer wieder selbst Gift zu trinken, in der Hoffnung, dass der andere daran stirbt.

Zu vergeben heißt nicht, dass du Kontakt zur betreffenden Person aufnehmen musst: Du musst diese Person sogar niemals wiedersehen, wenn es das ist, was du willst. Vor allem aber wirst du durch den Akt der Vergebung diese Person sogar nach und nach vergessen können. Du holst dir das Leid nicht immer wieder und bist diejenige, die dadurch frei wird.

Stell es dir so vor: Wenn jemand dir Unrecht getan oder dir Leid angetan hat – seien es deine Eltern, die dich als Kind nicht so behandelt haben, wie du es dir gewünscht hast, oder ein Lehrer, der dich bloßgestellt oder überfordert hat, oder ein Ex-Partner, der dich hintergangen hat – und du diese Situation nie vergeben hast, dann ist das, als ob ein Teil deines Herzens und auch ein großer Teil deiner Gehirnkapazität und damit deines Denkens und Handelns (also deiner Energie) immer noch von dieser Person und/oder dieser Situation beherrscht wird. Du selbst hast keine Kontrolle, keine Macht in diesem Bereich deines Seins – du hast deine Macht und deine Kraft an die betreffende Person abgegeben und lässt sie über dich und dein Leben bestimmen und herrschen.

Wenn jemand dir Unrecht getan hat und du diese Situation nie vergeben hast, dann ist das, als ob ein Teil deines Herzens, Denkens und Handelns immer noch von dieser Person beherrscht wird.

Und mit jedem Ärger, den du nicht vergeben hast, mit jedem Gedanken daran, wie unfair oder schlecht jemand zu dir war, gibst du diesen Menschen oder Umständen, die damit zu tun hatten, ein Stück deiner Kraft und deiner Macht ab.

Ärger, Wut, Scham, Trauer und Ablehnung kosten dich unglaublich viel Kraft, Zeit und Energie und halten dich in einer Position des Ausgeliefertseins und in einem Opferstatus.

Und das Schlimmste dabei ist, dass wir dazu neigen, diese Erfahrungen immer und immer wieder zu wiederholen – nicht nur in unserer Erinnerung mit den „Original-Schurken" – nein, wir finden auch immer wieder neue, willige Mitspieler, um dieses Drama aufs Neue zu inszenieren und dieselbe schmerzliche Erfahrung in einer anderen „Verpackung" wieder und wieder zu machen. Weil du bestimmst, ob du willst oder nicht. Erinnerst du dich? Das, was wir uns über uns selbst erzählen, kreiert die Welt, in der wir leben und aus der wir neue (oder eben nicht so neue) Erlebnisse und Erfahrungen generieren.

Hast du dich noch nie gewundert, dass dir in bestimmten Bereichen deines Lebens immer wieder dasselbe passiert? Und wenn nicht dir selbst, dann vielleicht in deinem Umkreis: Menschen, die immer wieder ähnliche Enttäuschungen erleben?

Hast du dich noch nie gewundert, dass dir in bestimmten Bereichen deines Lebens immer wieder dasselbe passiert?

Es hat damit zu tun, dass sie diese Enttäuschungen selbst kreieren: Es gab ein „Original" – eine erste, schwere Enttäuschung, meist zu einer Zeit, in der sie das noch nicht beeinflussen konnten. Sie haben diese Sache nie überwunden und den Menschen in dieser Situation (und sich selbst) nie vergeben. Dadurch erschaffen sie dieselbe Situation wieder und wieder – nur mit anderen Menschen. Mit anderen Worten:

Solange du jemand anderem Schuld gibst, machst du ihn zum Täter und damit dich zum Opfer. Es ist sehr unwahrscheinlich, dass dir je etwas Besseres geschehen kann, wenn du dieses Spiel nicht beendest.

Meine Geschichte

Als junge Frau war ich überzeugt davon, dass meine Eltern absolut alles falsch gemacht hatten und mich ohnehin nicht liebten. Ich war permanent ärgerlich auf sie, besonders auf meine Mutter. Ich war überzeugt: Sie hatte als Mutter einfach komplett versagt. Außerdem hatten meine Eltern sich nie Zeit für mich genommen, mir nie zugehört und mich nicht gefördert, sich nicht für meine Auftritte mit dem Schulchor interessiert und mich nie gelobt. Sie hatten sich nie für mich eingesetzt, wenn ich Ärger in der Schule oder im Sportverein hatte. Immer war ich in allem auf mich allein gestellt gewesen. Meine Eltern hatten immer nur gearbeitet und nur selten mal was mit uns Kindern unternommen. Ich hatte noch nicht mal Taschengeld bekommen – meine Eltern hatten schon als Kind von mir verlangt, dass ich arbeite, wenn ich Geld brauchte, und viele gemeine Dinge zu mir gesagt, die mich sehr verletzt hatten, und sich niemals dafür entschuldigt. Ich war überzeugt davon, dass ich eine furchtbare Kindheit gehabt hatte.

Auch wenn es Phasen gab, in denen ich mit meinen Eltern klarkam, war ich dennoch lange der festen Überzeugung, dass meine Eltern mich nicht geliebt hatten. Das führte dazu, dass ich selbst als Erwachsene immer wieder ihre Bestätigung und ihren Zuspruch suchte und sie gleichzeitig für alles verantwortlich machte, was in meinem Leben nicht gut lief.

Ich lehnte auch andere Menschen ab, die es besser gehabt hatten als ich: verwöhnte Kinder der Mittelschicht oder sogar richtig reicher Leute, die (vermeintlich) alles hatten, deren Eltern immer da waren, die großzügige Geschenke von ihnen bekamen oder nicht so hart arbeiten mussten wie ich, weil ihre Eltern ihnen das Studium finanzierten und so weiter. Ich war neidisch und verachtete sie regelrecht. Und hatte doch keine Ahnung, was ich mir damit selbst antat.

> Ich lehnte andere Menschen ab, die es besser gehabt hatten als ich.

Zusätzlich zu den beständig latent vorhandenen Gefühlen von Ärger, Trauer, Wut und Ablehnung brachte ich mich in meinem Erwachsenenleben von einer Bredouille in die nächste: wenig wertschätzende Partner, die meinen Geburtstag vergaßen, Chefs, die mich nicht fördern wollten, Freunde, die nicht hinter mir standen ... die Liste war endlos.

Das alles hatte natürlich *nichts* miteinander zu tun. Hahahaaa ...! Erinnerst du dich? Deine Gedanken erschaffen deine Welt!

Und so erschufen auch meine Gedanken meine Welt – ich erzählte mir für lange Zeit die „Geschichte vom benachteiligten Mädchen, für das sich keiner interessierte", und so blieb ich es auch. Ich blieb es so lange, bis ich zunächst meinen Eltern all ihre vermeintlichen „Untaten" vergeben hatte. Auch weil ich inzwischen erkannt hatte, dass nahezu alles, was aus meiner Sicht unfair oder mangelnde Liebe war, in Wahrheit oft nur Hilflosigkeit, Überforderung, Unvermögen oder sogar gut gemeint (aber eben schlecht erklärt) war. Und dann vergab ich mir selbst. Und dann allen, die mich danach „nicht gut behandelt" hatten.

Finde Zugang zu deinen Gefühlen

Möglicherweise spürst du gar keinen Ärger? Ich schreibe über Vergebung, die dich befreit von Ärger und Wut, von Trauer, Hass und Neid – aber einige dieser Gefühle hast du eigentlich gar nicht?

Ja, gut, dein Leben könnte besser sein. Und ja, deine Kindheit, deine Jugend, deine erste Partnerschaft ... naja, das ist alles nicht so super gelaufen. Aber eigentlich hast du das alles schon ganz gut weggesteckt. Du bist nicht wirklich verärgert oder wütend auf irgendwen. Wenn du aber mal ganz ehrlich zu dir bist: Hättest du möglicherweise Grund dazu?

> Hättest du möglicherweise Grund dazu, verärgert oder wütend auf irgendwen zu sein?

Ich frage nur, weil viele Frauen so erzogen sind oder in Ratgebern für Frauen gelesen haben, dass sie nur positive Gefühle haben sollen und dass negative Gefühle ganz, ganz schlecht seien. Und sie bemühen sich, immer so flauschig zu sein wie der Kuschelweich-Flanell-Teddy.

Sie schlucken einfach alles und lächeln noch dazu, weil sie glauben, dass es besser wäre, keine negativen Emotionen zuzulassen.

Weißt du was? Ich glaube, das ist ziemlich oft totaler Mist. *Du darfst wütend sein.* Und du darfst auch traurig sein und genervt und enttäuscht und ärgerlich.

Es geht darum, nicht mehr die Geisel dieser Gefühle zu sein.

Wenn du dir angewöhnt hast, „negative" Gefühle wie Wut zu ignorieren und zu unterdrücken, wenn du dir diese Regungen kategorisch verbietest, weil sie ja negativ sind ... ich sage dir, dann schießt du dir anständig ins Knie, denn:

Unsere Emotionen haben Gründe – und sie wollen gesehen und respektiert werden. Wenn deine Eltern nie Zeit für dich hatten, dann ist das zunächst mal ein Grund, traurig oder sogar wütend zu sein. Wenn du immer Rücksicht auf deinen kleinen Bruder nehmen musstest, dann ist das ein Grund, wütend zu sein. Wenn dein Partner dich betrogen oder belogen hat, dann ist das ein Grund, wütend zu sein. Wenn du die Beförderung nicht bekommen hast, obwohl du sie verdient hättest, dann ist das ein Grund, enttäuscht und verärgert zu sein.

Unsere Emotionen haben Gründe – und sie wollen gesehen und respektiert werden.

Auch wenn Gefühle wie Ärger, Wut und Enttäuschung dir negativ erscheinen mögen, heißt das nicht, dass du sie nicht erleben darfst. Nur frag dich: Wie lange und wie oft willst du sie erleben? Wie oft willst du dir eine Situation zurück vor dein geistiges Auge holen, sie wieder und wieder ablaufen lassen und wieder und wieder deine Gefühle dazu unterdrücken, rationalisieren und verleugnen?

Ich hätte eine bessere Idee: Wie wär's damit, wenn du dir diese Situationen *einmal* zurückholst, die Gefühle dazu *wirklich* wahrnimmst, sie rauslässt und sie dann loslässt? Denn auch das ist Vergebung.

Vergebung bedeutet nicht, dass wir unsere Gefühle unterdrücken, sondern dass wir sie annehmen, spüren, würdigen und dann gehen lassen.

Wenn du also bemerkst, dass dir bei der kommenden Übung erst mal gar nichts einfallen will, dann könnte es sein, dass du dir zunächst einmal Ärger, Wut, Trauer oder Enttäuschung erlauben darfst. Das ist okay.

Es kann dir helfen, wenn du dich an belastende Situationen erinnerst und den Menschen, die daran beteiligt waren, Briefe schreibst (die du *nicht* abschickst!), um deinen Gefühlen Ausdruck zu verleihen. Das können wütende, beleidigte oder auch traurige Briefe sein – das ist in Ordnung. Du kannst sie schreiben aus der Sicht eines Kindes – ohne all das Verständnis, das du dir über die letzten Jahre antrainiert und eingeredet hast.

Du kannst dir die Betreffenden auch in einem Stuhl dir gegenüber sitzend vorstellen und deine Gefühle aussprechen. Glaube mir, ich habe schon so manchen Stuhl angebrüllt, und das war ungemein befreiend. Nimm zunächst deinen Ärger, deine Wut, deine Trauer und deine Enttäuschung wahr, nimm sie an – und dann, dann lass sie los.

Dein Schlüssel zur Freiheit

Du musst nicht einmal verstehen, warum jemand sich dir gegenüber auf eine inakzeptable Weise verhalten hat – es reicht vollkommen, wenn du es vergibst.

In vielen Kulturen der Welt – zum Beispiel im Hinduismus, im Schamanismus oder auch im Huna (einer alten Lehre, die auf Hawaii verbreitet ist – „Huna“ bedeutet „geheim“) geht man davon aus, dass alle Menschen durch irgendwelche „Geschichten“ miteinander verbunden sind und dass jeder für jeden eine Art „Lehrer“ sein kann. Und wenn uns jemand sehr verletzt oder Unrecht getan hat, dann daher, weil es zu unserer „Heilwerdung", zu unserem Erwachsenwerden oder Erwachen, zum Lernen oder Wachsen beitragen sollte.

Nun, man muss schon ziemlich offen und entspannt sein, um das so sehen zu können – ich habe viele Jahre dafür gebraucht und erwarte es nicht sofort von dir. Wenn du allerdings etwas damit anfangen kannst: umso besser. Falls nicht, ist das auch kein Beinbruch.

Für den Anfang genügt es, wenn du dir klar wirst darüber, dass du selbst am meisten unter dem Nichtvergeben leidest und dass du deinem Peiniger solange gehörst, weil du ihm Macht über dich, deine Gefühle, Gedanken und Handlungen gibst, bis du vergeben und damit die Last losgelassen und die kraftzehrende Verbindung zwischen euch gelöst hast.

Für den Anfang genügt es, wenn du dir klar wirst darüber, dass du selbst am meisten unter dem Nichtvergeben leidest.

Das gilt auch für kleine Ärgernisse: Lässt du dir bisher noch öfter mal den Tag versauen von Kollegen, Vorgesetzten, Nachbarn oder sogar gänzlich Fremden? Vergib ihnen, was immer sie getan oder nicht getan haben, das nicht deinen Erwartungen entsprach. Du hast so viel Besseres zu tun, als dich über Kleinigkeiten oder andere Menschen aufzuregen. Oder, wie es der NLP-Trainer Chris Mulzer formuliert: „Ich bin doch nicht so blöd, dass ich mich über andere Leute ärgere – denn die Gefühle dazu finden doch in meinem Körper statt!"

Übungen in Vergebung

Beginne damit, dass du eine erste Liste erstellst: Eine guter Anfang ist deine Kindheit. Da hätten wir deine Eltern und andere Verwandte, deine ersten Freunde und „Feinde", Kinder im Kindergarten oder in der Schule, fiese Nachbarn, ungerechte Lehrer, deine ersten Erlebnisse mit Verliebtheit möglicherweise, deine Studien- oder Ausbildungszeit hat sicher auch einiges zu bieten, deine Jobs: Kollegen, Kunden, Vorgesetzte ...

Ich glaube, meine erste Liste war drei Seiten lang. Und es ist okay, wenn deine kürzer oder auch länger wird als meine. Wir haben ein Leben lang Zeit dafür, alles zu vergeben, was wir nicht mehr brauchen, und dein Leben darf ab sofort jeden Tag und in jedem Moment immer besser und besser werden, wenn du es willst.

Wenn du deine erste Liste gemacht hast, nimm dir etwas Zeit und sorge dafür, dass du ungestört bist. Schalte dein Handy aus und schau dir die Liste an. Erinnere dich an den ersten Menschen oder die erste Situation auf deiner Liste. Lass das, was dich belastet, erneut und letztmalig vor deinem geistigen Auge auftauchen. Erinnere dich daran, wie du dich gefühlt hast in diesem Moment. War es Ärger? Verzweiflung? Ablehnung? Peinlichkeit? Wut? Scham? Trauer? Hilflosigkeit?

Lass die Emotionen auftauchen und nimm sie wahr. Dann wende dich an den Menschen oder die Situation als solche und sage: „Ich vergebe dir. Ich danke dir. Es tut mir leid. Ich liebe dich."

Diese vier Sätze sind sinngemäß aus dem Ho'oponopono, einem alten hawaiianischen Vergebungsmantra, einer sogenannten Friedensformel entlehnt. Ebenso wirksam ist eine Methode, in der wir Täter- und Opfer-Rolle auflösen:

- Ich vergebe dir, ... (Name der Person), dass du mir ... angetan hast.
- Ich vergebe mir, dass ich es zugelassen habe.
- Ich vergebe dir, dass du es zugelassen hast.
- Ich vergebe mir, dass ich das getan habe.

Dieses Vergebungsritual funktioniert nach dem Motto „Es gibt immer einen, der es macht, und einen, der es mit sich machen lässt." Es geht davon aus, dass du – egal, ob bewusst oder unbewusst – zugelassen hast, dass der andere sich seines „Vergehens" schuldig macht. Damit hast du einerseits etwas zugelassen und andererseits auch etwas „getan". Du hast dich für das, was passiert ist, zur Verfügung gestellt. Du vergibst damit auch dir, dass du quasi zur falschen Zeit am falschen Ort warst oder etwas getan hast, das den Täter dazu „eingeladen" hat, zum Täter zu werden. Und du vergibst deinem Täter, dass er zugelassen hat, dass ausgerechnet du sein Opfer wurdest.

Egal für welche der beiden Varianten du dich entscheidest: Diese beiden Arten der Vergebung sind äußerst wirksam, denn sie befreien gleichermaßen dich und dein Gegenüber aus einer Art von Geiselhaft, die bisher in deinem Kopf stattgefunden hat.

Diese beiden Arten der Vergebung sind äußerst wirksam, denn sie befreien gleichermaßen dich und dein Gegenüber.

Streiche jede Person und jede Situation auf der Liste durch, wenn du sie so „behandelt" und ihr vergeben hast. Wenn du mit deiner Liste im ersten Anlauf nicht fertig wirst, mach so bald wie möglich weiter damit. Und wenn du deine erste Liste abgehakt hast, mach nächste Woche eine weitere:

Wenn dir Menschen oder Situationen, die du bereits so „behandelt" hast, wieder einfallen und sich nach wie vor eine negative Emotion einstellt: Setze sie einfach erneut auf die Liste und mach das Vergebungsritual nochmals. Bei manchen Menschen reicht es, das ein einziges Mal zu tun, bei anderen dauert es vielleicht vier- oder sogar fünfmal. Was soll's: Es dauert nur wenige Minuten – was ist das schon für ein bisschen Einsatz, verglichen mit Ruhe und Frieden im eigenen Geist?

Du musst nicht jedes Wort genauso meinen – ich weiß aus eigener Erfahrung, dass die ersten Male Vergebung nicht einfach sind und dass einem „Es tut mir leid" oder gar „Ich liebe dich" gegenüber jemandem, der einen belogen, betrogen oder gar misshandelt hat, kaum über die Lippen kommen. Tu es trotzdem – denn es ist dein Geschenk *an dich*. Es verändert die Welt in deinem Kopf und damit die ganze Welt – für dich.

Deine Intention beim Vergeben sollte der Gedanke an Freiheit und Frieden für dich sein.

Deine Intention sollte der Gedanke an Freiheit und Frieden für dich sein. Du wirst in den nächsten Tagen spüren, wie du dich besser und besser fühlst. Es wäre nicht ungewöhnlich, wenn du dich in nächster Zeit öfter mal scheinbar grundlos glücklich fühlst.

Es könnte auch passieren, dass sich Menschen aus deiner Vergangenheit, die im Zusammenhang mit den Vergebungsübungen stehen, bei dir melden. Falls es jemand ist, den du nicht mehr sehen möchtest: Lächle und erkenne, dass es funktioniert hat, und dann verhalte dich wie ein schwarzes Loch: Was in ein schwarzes Loch hineingeht, verschwindet ohne eine Spur. Und genau so kannst du es mit Nachrichten von Menschen machen, die du nicht mehr in deinem Leben haben möchtest. „Das Feuer ausgehen lassen", sagt mein Mann Claudius dazu.

Was kannst du alles vergeben?

Alles. Du kannst absolut alles vergeben! Irgendwann wird es sehr wichtig werden, dass du damit beginnst, dir selbst zu vergeben. Du bist der wichtigste Mensch auf der Welt für dich und du wirst auch der einzige Mensch sein, der sein ganzes Leben mit dir verbringt. Es ist daher essenziell, dass du dir alles vergibst, was du jemals falsch gemacht oder dir angetan hast.

Das funktioniert im Grunde genauso wie bei allen anderen. Du kannst – falls du das brauchst – noch zu deinen Vergebungssätzen hinzufügen, dass du es zu der Zeit, als das ein oder andere passiert ist, nicht besser wusstest oder tun konntest. Hättest du es besser gewusst oder besser gekonnt, hättest du auch anders gehandelt.

Oft handeln wir schlecht und schwach, weil wir uns schwach fühlen. Und jetzt rate mal, wie du dich in Zukunft fühlen wirst, wenn du dich weiterhin selbst verurteilst und beschuldigst.

Vielleicht hast du auch etwas getan – zum Beispiel dich auf jemanden eingelassen, obwohl du „eigentlich" genau wusstest, dass das schiefgehen und am Ende nur für Ärger und Leid sorgen würde. Dennoch hast du es getan? Vergib dir! Du warst sehr einsam und hattest Hoffnung? Du hattest Hoffnung, dass der andere sich vielleicht ändert? Oder du warst so verzweifelt und hattest nicht die Hoffnung, dass du irgendjemand anderen finden könntest, und hast eben nach diesem Strohhalm gegriffen? Oder du warst es aus deiner Vergangenheit gewohnt, nicht gut behandelt zu werden, und bist einfach unbewusst einem alten, schädlichen Verhaltensmuster gefolgt? Es ist vorbei. Vergib dir.

Vergib Menschen, Umständen und Dingen, die „weiter von dir entfernt sind", die dich aber dennoch betreffen.

Sag dir selbst: „Ich vergebe mir. Es tut mir leid. Ich danke mir. Ich liebe mich." Wenn du das Gefühl hast, dass du mit deiner Vergangenheit schon ganz gut im Reinen bist und vieles abgeschlossen hast: Tu es trotzdem. Und dann erweitere einfach deine Liste:

Vergib Menschen, Umständen und Dingen, mit denen du im ersten Moment persönlich gar nicht so viel zu tun hast, die dich aber dennoch betreffen: Vergib den Politikern, die Gesetze machen, die dir nicht gefallen oder nicht zu deinem Vorteil sind. Vergib dem Finanzamt und dem Finanzministerium, wenn du denkst, dass du zu viel Steuern bezahlen musst. Vergib Waffenhändlern, Islamisten, Rechtsradikalen, Linksradikalen ... was immer dir einfällt.

Vergib deinen Genen, wenn du denkst, dass sie dir Dinge beschert haben, die du nicht schön findest oder die dir Probleme bereiten: kurze Beine, krumme Nase, Krankheiten oder was auch immer.

Ganz egal, was es ist, was negative Gedanken bei dir auslöst: Probier's mal mit Vergebung.

Vergib den Franzosen, dass sie Olympe de Gouges geköpft haben, und der spanischen Inquisition, dass sie die Hexenverbrennung praktiziert hat – ganz egal, was es ist, das negative Gedanken bei dir auslöst: Probier's mal mit Vergebung. Das wird im ersten Schritt nicht sofort die Sache selbst ändern – aber das tut Ärger darüber ja auch nicht.

Frieden in deinem Kopf ist der Beginn von Weltfrieden.

Du alleine kannst es schaffen, in einer friedlicheren Welt zu leben. Ganz einfach dadurch, dass du beginnst, Frieden in deiner eigenen Welt, in deinem eigenen Geist zu schließen, die Kriege zu beenden, die dich jahrelang heimgesucht und dich geschwächt haben.

Selbst wenn du nur eine einzige Sache aus diesem Buch umsetzen würdest: Wenn es diese wäre, dein Leben würde sich bereits nur dadurch dramatisch verändern – und zwar positiv. Glaub mir kein Wort: Probiere es aus!

Hingabe

Von allen Kräften, die wir zu unserer Superpower umwandeln können, erzeugt Hingabe wohl die meiste Verwirrung. Bei mir selbst sogar zu Beginn so sehr, dass ich sie regelrecht ablehnte, bis ich sie endlich verstanden hatte.

Hingabe erscheint vielen Frauen der heutigen Zeit nicht als Kraft, sondern eher als Schwäche. Hingabe hat für sie etwas Passives, Resignierendes und Machtloses – warum sollte man das wollen? Doch Hingabe ist alles andere als das!

Verwechsle Hingabe nicht mit „Hinnahme“: Etwas hinzunehmen, bedeutet in der Tat zu resignieren, passiv zu sein und aufzugeben. Mit saurer Miene und schlechten Gefühlen eben zu akzeptieren, was man nicht ändern kann.

Hingabe ist ein aktiver und machtvoller Akt – eine Entscheidung, sich in etwas hineinfallen zu lassen und sich zu öffnen für all die Geschenke, die eine Situation für dich bereithält.

Hingabe bedeutet in vielen Momenten auch anzuerkennen, dass du nicht darauf bestehst, zu wissen oder zu kontrollieren, was dir passieren soll und was gut für dich ist.

Hingabe bedeutet damit, offen zu sein dafür, dass sich deine Wünsche erfüllen – auf jedem Weg, der möglich ist, und eben nicht nur auf dem Weg, den du dir jetzt schon vorstellen kannst ... Denn sind wir mal ehrlich: Wenn du möchtest, dass etwas gänzlich Neues in dein Leben kommt, dann wird es ziemlich sicher nicht auf einem schon bekannten Weg zu dir kommen.

> Hingabe bedeutet, offen dafür zu sein, dass sich deine Wünsche erfüllen dürfen.

Wie oft schon hast du in deinem Leben Situationen erlebt, in denen du sicher warst, dass du weißt, was gut für dich ist: Du willst unbedingt diesen Job behalten, du willst unbedingt diesen Partner, es muss doch dieses oder jenes jetzt endlich klappen. Und erst im Nachhinein – manchmal erst viele Jahre später – bemerkst du, was für einer Illusion du aufgesessen bist. Du merkst, wie unnötig all das war und wie froh du sein kannst, dass das Leben am Ende anders gelaufen ist als du damals dachtest, dass es laufen müsste.

Und wie oft hast du dich schon mit Dingen befasst, die du auf keinen Fall willst: Du hoffst so oft, dass irgendwer irgendwas nicht tut oder nicht denkt. Und tust damit – oft unbewusst – allen möglichen Blödsinn, damit eben das nicht passiert. Ist dir schon einmal aufgefallen, dass dies zwar möglicherweise funktioniert, aber dann auch nichts anderes, Besseres passieren kann?

> Wie oft schon hast du in deinem Leben Situationen erlebt, in denen du sicher warst, dass du weißt, was gut für dich ist?

Viele Frauen erzählen mir zum Beispiel, dass sie bei einem Mann, der ihnen gefällt, oft denken: „Der soll nicht denken, dass ich es nötig habe." Und dann ignorieren sie ihn und schauen ihn nicht an. Was passiert? Er denkt tatsächlich nicht, dass sie es nötig haben könnte – aber er denkt auch nicht, dass sie Interesse haben könnte ... Und wird sie garantiert nicht ansprechen, weil ein netter Mann keine Frau anspricht, die ihm deutlich die kalte Schulter zeigt.

Was würde sich alles verändern, wenn du aufhören könntest, alles kontrollieren zu wollen inklusive der Gedanken anderer Menschen um dich herum, und einfach mit den Situationen klarkommst, die tatsächlich stattfinden, anstatt derer, die du dir ausdenkst und die du nicht haben willst?

Meine Geschichte

Ich kann mich noch gut daran erinnern, wie fertig ich war, als der Partner, der Ende 1999 der Auslöser für meinen Umzug nach Hamburg war, mich im April 2001 plötzlich quasi ohne Vorwarnung von einem Tag auf den anderen für eine Frau verließ, die er bei der Arbeit – 300 Kilometer entfernt – kennengelernt hatte. Es zog mir den Boden unter den Füßen weg. Und ich kann dir gar nicht sagen, wie froh ich heute darüber bin. Ich schätze, du würdest dieses Buch nicht lesen, denn ich hätte es nicht geschrieben, wenn ich in dieser Partnerschaft geblieben wäre. Ich wäre ziemlich sicher nicht der Mensch geworden, der ich heute bin.

> Es zog mir den Boden unter den Füßen weg, als mich mein Partner von einem Tag auf den anderen verließ.

Und auch danach gab es immer wieder Situationen in meinem Leben, wo ich dachte: „Das muss doch gehen" – aber nein, es muss gar nichts. Mein Mangel an Hingabe hatte denselben Grund, wie er für die meisten Menschen gilt, die darunter leiden: die Arroganz zu glauben, dass man selbst wisse, wie die Welt funktioniert, was falsch und richtig sei und was gut für einen (und natürlich auch für alle anderen) wäre.

Mein daraus resultierendes Verhalten lud eines Tages meinen heutigen wunderbaren und sensiblen Mann dazu ein, eine von seinem Unterbewusstsein schon länger für notwendig befundene psychotische Episode mit anschließender Depression einzuleiten, und ich war vollkommen überfordert damit: Ich hatte keine Ahnung, was das war und was es mit mir zu tun haben könnte. Ich verstand die Welt nicht mehr und war vollkommen am Boden zerstört. Und ich war auch gekränkt: Hatte ich nicht alles für ihn getan? Wie konnte er mir das antun?

Ich war wütend – wütend auf mich, auf ihn und auf Gott. Ich suchte das Gespräch – und da mit ihm nicht zu reden war, suchte ich das Gespräch mit „Gott" – es musste doch irgendetwas geben, das ich tun konnte. Ich schimpfte, ich flehte, ich jammerte und betete. Aber ich bekam keine Antwort. Schließlich heulte ich. Nach einiger Zeit resignierte ich und sagte fast trotzig: „Ich will doch nur, dass es meinem Mann besser geht." Und dann bekam ich eine Antwort: Die Stimme, die mir antwortete, war nicht außerhalb von mir, es war eher wie eine Erkenntnis, von der ich aber wusste, dass sie nicht aus mir heraus (also aus meinen eigenen Erfahrungen) kam, sondern dass sie eine Art Antwort war. Sie lautete: „Wer sagt dir denn, dass es richtig ist, dass es ihm besser gehen soll? Vielleicht geht es ihm gerade genau so, wie es ihm gehen muss für das, was er zu lernen und zu erfahren hat."

Ich verstand diesen Satz erstaunlicherweise sofort: Es war meine Welt und meine Ansicht, dass es ihm gut gehen sollte. *Ich* wollte das. Ich brauchte das. Ich erwartete das. Doch gerade diese Erwartungen waren es, die es für ihn noch schwerer machten und die die ganze Geschichte möglicherweise sogar erst ins Rollen gebracht hatten. Und jetzt brauchte er es eben gerade, dass er nicht funktionierte, dass es ihm nicht „gut ging" und er für sich klären konnte, was und wer er wirklich sein wollte.

Ich begann nicht nur, Menschen zu vergeben, sondern auch, einige Menschen um Vergebung zu bitten, denen ich Unrecht getan hatte.

Augenblicklich breitete sich Frieden in mir aus und in den Tagen danach ein tieferes Verständnis für meine Starsinnigkeit und einige andere, weniger schöne Charaktereigenschaften. Ich begann nicht nur, Menschen zu vergeben, sondern auch, einige Menschen um Vergebung zu bitten, denen ich Unrecht getan hatte. Dann gab ich mich der Situation hin: Ich beschloss, dass alles okay war, genau so, wie es gerade war. Es dauerte nicht mehr sehr lange, und die Situation veränderte sich: Claudius ging es schon sehr bald besser, und mir ging es besser, weil ich nicht mehr täglich mit dem „Uneinverstandensein“ zu kämpfen hatte.

Wann immer in meinem Leben Dinge anfangen schiefzulaufen, erkenne ich, dass ich an etwas festhalte, das nicht festgehalten werden will oder muss. Dass ich versuche, die Dinge in eine bestimmte Richtung zu kontrollieren und zu manipulieren, die mir in Wahrheit nicht entspricht oder nicht dem, was ich dabei lernen darf. Und glaub mir, das ist meistens alles andere als leicht – es ist oft unbequem, manchmal schmerzhaft –, aber nicht mehr lange, wenn ich das bemerke, mich entspanne und vertraue.

Hingabe praktisch

Bei dem Wort „Hingabe“ denken viele Frauen direkt an Sex – und ja, da ist Hingabe durchaus auch eine gute Idee –, aber in Wahrheit geht es um etwas ganz anderes: Es geht darum, dein Leben zu leben und für alles offen zu sein, was dich bereichern kann.

Es geht darum, dein Leben zu leben und für alles offen zu sein, was dich bereichern kann.

Wir haben so oft Vorstellungen davon, was wir wollen und was wir nicht wollen. Und wir merken oft gar nicht, dass sich das manchmal sogar widerspricht.

Ich hatte mir zum Beispiel lange Zeit gewünscht, geduldiger sein zu können – mein Wunsch wurde erfüllt: Geduld ist nun mal keine Gottesgabe, die man einfach so über Nacht erhält; sie ist eine Fähigkeit, die man erwerben muss. Nicht umsonst heißt es „Geduld üben“. Und ich bekam in den folgenden Monaten und Jahren reichlich Gelegenheit dazu, Geduld zu üben. Heute bin ich ein sehr viel geduldigerer Mensch, als ich es vor zehn Jahren war, und doch werde ich immer wieder getestet und darf „üben“. Anfangs war ich gar nicht froh damit, im Gegenteil. Als ich jedoch den Zusammenhang zwischen meinem

Wunsch nach mehr Geduld und den Begebenheiten sah, die jetzt Geduld erforderten, musste ich lachen.

Und genau das kann ich sehr empfehlen: Wenn Dinge mal ganz anders laufen, als du sie erwartest oder gebrauchen kannst, lache! Das Universum hat bisweilen einen sehr schrägen Humor, und wir verstehen nicht immer alles sofort:

Ich vergleiche unser Verhalten in solchen Fällen gern mit dem Verhalten von kleinen Kindern an der Supermarktkasse. Bestimmt kennst du den Ausdruck „Quengelware“. Das sind diese kleinen Süßigkeiten, die an vielen Supermarktkassen aufgebaut sind. Sie kosten meist rund einen Euro und sollen besonders Kinder dazu bewegen, ihren Eltern die Ohren vollzuheulen, dass sie jetzt unbedingt so eine doofe Rolle Kaubonbons brauchen. Natürlich ist das totaler Mist: Kein Mensch braucht diesen Kram, er ist ungesund und im Vergleich zu den normalen Packungsgrößen auch noch unverhältnismäßig teuer. Manchmal habe ich das Gefühl, dass wir genauso sind: wie kleine Kinder, die dem Universum die Ohren vollheulen, dass wir genau diesen Mist haben wollen, obwohl er ungesund und unverhältnismäßig teuer ist.

Hingabe bedeutet, anzunehmen, dass das, was gerade ist, zu deinem Besten sein wird.

Und genau hier kommt Hingabe ins Spiel: Hingabe bedeutet, anzunehmen, dass das, was gerade ist, zu deinem Besten sein wird, auch wenn du es noch nicht erkennen kannst. Selbst falls es aussieht, als wäre es der größte Mist, der gerade passiert, oder als wäre es eine große Tragödie, dass du nicht bekommst, was du gerne hättest.

Hingabe bedeutet, nicht mehr danach zu fragen, warum etwas passiert, sondern wie du das Beste aus der Situation machst, die gerade da ist. Dich einfach zu fragen „Was jetzt?“ anstatt „Warum?“ oder „Warum ich?“

Hingabe bedeutet, daran glauben zu können, dass alles gut sein wird, auch wenn du nicht jedes Detail kontrollierst und bestimmst. Es bedeutet in diesem Zusammenhang auch, anderen zu vertrauen: Vielleicht kannst du manches besser, schneller, genauer, schöner als die

Menschen um dich herum – und vielleicht ja auch nicht. Und vielleicht ist es bei 95 % aller Dinge im Alltag total egal, ob sie genau so gemacht werden, wie du es gemacht hättest. (Es sei denn, du bist zum Beispiel Herzchirurgin oder Atomphysikerin – dann könntest du damit recht haben, dass es so gemacht werden muss, wie du es willst.)

Hingabe bedeutet, auch mal Dinge zu tun, die nicht einem festgelegten Outcome dienen, sondern die einfach Spaß machen und in denen du dich verlieren kannst: grundlos glücklich zu sein, wenn du den Wolken beim Ziehen über den Himmel zuschaust, einen Spaziergang ohne ein Ziel zu machen oder dir einfach mal eine Tasse Tee zu machen und für fünf Minuten rein gar nichts zu tun, obwohl du eigentlich gerade megaviel zu tun hast und bis eben gerade noch total im Stress warst.

Hingabe bedeutet, auch mal anderen die Führung zu überlassen oder mal nicht vorher zu googlen, wo du heute Abend essen gehst, sondern einfach deiner Nase, deinem Instinkt und gegebenenfalls einer gut besetzten Gaststube zu vertrauen.

Hingabe bedeutet, auch mal anderen die Führung zu überlassen.

Hingabe bedeutet auch, zuzulassen, dass das Universum deine Wünsche auf *seine* Art und in *seinem* Tempo erfüllt – egal, ob das langsamer oder vielleicht sogar sehr viel schneller geht, als du es erwartest. Und dass du das alles nicht immer wissen musst. Was würde sich an deinem Leben verändert, wenn du das annehmen könntest?

Übungen in Hingabe

Hingabe kannst du in vielen Situationen in deinem Alltag üben: Du könntest deinen Partner oder dein Date bestimmen lassen, was ihr unternehmt. Sag ihm deine Ernährungs-Ressentiments und frag ihn, was du anziehen sollst. Und dann: Lass dich überraschen und glaube daran, dass es gut wird. Und wenn nicht? Dann weißt du wenigstens, dass er einen ganz anderen Geschmack hat als du.

Wenn du dich das nächste Mal in einer Situation wiederfindest, die anders ist, als du sie geplant oder erwartet hast, dann frage nicht „Warum!?“, sondern „Was jetzt?“ oder „Wofür könnte das gut sein?“

Stell dir vor, dass du gerade eben – wie ein Außerirdischer – auf diesem Planeten, an genau dieser Stelle, in genau dieser Situation gelandet wärst. Noch ohne Ziel und Plan, aber ausgestattet mit all deinen Fähigkeiten. Dann frage dich: „Was kann ich genau jetzt in genau diesem Moment alles tun?“ Und dann tu etwas davon. Und wenn die Antwort lautet: „Nichts“, dann tu einfach nichts. Das ist okay.

Stell dir vor, dass du gerade eben – wie ein Außerirdischer – auf diesem Planeten gelandet wärst.

Bitte um göttlichen Beistand: Dafür ist es vollkommen egal, ob du an Gott glaubst oder nicht. Stell dir einfach vor, es gäbe so eine Art „kollektives Bewusstsein“ – eine Art Kraft oder Macht, die über das hinausgeht, was du dir vorstellen kannst. Und bitte genau diese Kraft, diese Intelligenz, diese Göttlichkeit um Hilfe und Beistand.

All diese Dinge helfen dir, Hingabe zu leben und die Schätze zu entdecken, die auf dich warten, wenn du dich hingibst, anstatt zu kontrollieren, zu manipulieren und zu bestimmen.

Ein paar „richtige“ Übungen dazu gibt es natürlich auch noch:

Übung 1: Hingabe spüren und das Leben einladen

Leg dich auf den Boden (auf eine Decke oder einen Teppich) oder wenn möglich unter freiem Himmel auf eine Wiese. Liege auf dem Rücken und breite deine Arme aus, als wolltest du jemanden umarmen oder ein sehr, sehr großes Paket annehmen.

Schau in den Himmel und sage laut: „Ich bin bereit!“ Dann stell dir vor, wie du alles willkommen heißt, was das Universum dir schenken möchte – und zwar auf genau die Art, wie es zu dir kommen soll und egal wie viel oder wie wenig davon und in welcher Geschwindigkeit.

Sei bereit, alles, was sich dir schenken will, anzunehmen. Inklusive der Verantwortung, die das ein oder andere vielleicht mit sich bringt, oder der „Nebenwirkungen", die das haben könnte. Sag: „Ich bin bereit!" und bereite dich darauf vor, alles zu bekommen.

Übung 2: Sag Ja zu einer Einladung

Vielleicht kennst du solche Situationen auch: Da ist diese Veranstaltung, zu der du gehen könntest, aber du kennst dort fast niemanden. Oder ein Kollege fragt dich, ob du mitkommst zu einer Weiterbildung, doch das Thema reizt dich nur so mittelmäßig. Deine Freundin geht zu dieser Ausstellung, aber du bist müde und überlegst, abzusagen. Ein Fremder fragt dich, ob du Lust auf einen Kaffee hast, aber du hast Vorbehalte.

Doch erinnerst du dich? Du hast dem Universum gesagt, dass du bereit bist! Vielleicht ist genau diese Einladung jetzt der Moment, wo du jemanden kennenlernst, der dir dazu verhelfen kann zu bekommen, was du willst.

Deine Aufgabe: Sag Ja! Sag Ja zu einer Einladung, die du sonst eher nicht annehmen würdest, und sag dir selbst: „Mal sehen, wofür das gut ist." Nimm dir vor, dort mindestens einen neuen Menschen kennenzulernen – und hab Spaß!

Das wäre Hingabe. Und du wirst erstaunt sein, wie gut das funktioniert … mithilfe der folgenden winzigen Kleinigkeit.

Die drei Kräfte und Geschenke annehmen

Wer nicht annehmen kann, hat nie genug!

Ich selbst war jahrelang unfassbar schlecht darin, anzunehmen. Ich wollte genügsam sein, nicht so viele Ansprüche stellen, für mich selbst sorgen, niemandem zur Last fallen. Doch irgendwann merkte ich, wie herzlos und egoistisch das war, wenn ich niemandem erlaubte, mir etwas Gutes zu tun oder für mich da zu sein.

Wenn wir jemandem etwas schenken, fühlt sich das meistens ziemlich gut an. Auch für jemanden, den man mag, etwas zu tun, zu helfen oder einfach für jemanden da zu sein – das ist ein schönes, befriedigendes Gefühl. Doch das bedingt, dass der andere diese Hilfe oder dieses Geschenk auch annimmt. Wenn du also nicht annimmst, dann verweigerst du damit allen anderen das gute Gefühl, dir etwas geben zu können.

Wenn wir jemandem etwas schenken, dann fühlt sich das meistens ziemlich gut an.

Im Annehmen selbst liegt bereits ein großes Geschenk. Es ist daher gar nicht notwendig, Gefallen, Geschenke und andere Gaben direkt mit Gegengaben zu erwidern. Lerne, mit gutem Gewissen und guten Gefühlen freudig anzunehmen. Und dann: zurück zu Punkt eins ... Dankbarkeit!

Und damit schließt sich der Kreis für die drei größten Kräfte im Universum: Dankbarkeit, Vergebung und Hingabe. Kannst du dir ansatzweise vorstellen, wie viel schöner und leichter dein Leben werden kann, wenn du diese drei Kräfte vereinst? Dankbarkeit im Verbund mit Hingabe und Vergebung wird dafür sorgen, dass du reich beschenkt wirst, dass du immer wieder überrascht wirst und freudvoll auf das schauen kannst, was zu dir kommt. Dankbarkeit, Hingabe und Vergebung führen zu tiefem Frieden in dir und einem leichten Herzen, das sich wieder öffnen kann. Die unumgängliche Folge davon ist Freude, Leichtigkeit und Heiterkeit in dir selbst. Nicht irgendwo da draußen! Du selbst bist die Quelle für alles Wundervolle!

DIES IST STUFE 1

Du kriegst deinen Arsch hoch und erkennst jeden Tag mehr und mehr, wie schön dein Leben jetzt schon ist, wie reich du bereits bist und wie frei. Noch freier wirst du mit jedem Menschen und jeder Situation, die du vergibst, und jeden Tag entspannter und reicher mit mehr und mehr Hingabe. Du überlässt es dem Universum, was es dir schenken möchte, nimmst es an und sagst: Danke!

In Wahrheit musst du nichts „verdienen" – das ist etwas, was die meisten von uns in der Kindheit gelernt haben. Du darfst das wieder verlernen. Wie heißt es so schön: „Wer loslässt, hat die Hände frei!" Genau darum geht es: Lass los, woran du festhältst, wenn es dich ohnehin nicht glücklich macht. Vergib jedem und allem, was dich in Gedanken festhält und klein macht. Erkenne und sei dankbar für all das Gute, das jetzt schon in deinem Leben ist, und du wirst reicher beschenkt werden, als du es durch Fleiß, Mühe und Anstrengung jemals erreichen könntest.

WAS DU AUS DIESEM KAPITEL MITNEHMEN KANNST

- Dankbarkeit erschafft eine Energie des Empfangens.
- Egal, wo dein Leben gerade ist: Es gibt jetzt schon Dinge, die gut sind.
- Vergebung ist ein Geschenk an dich.
- Nimm deine Emotionen wahr, dann an und dann lass sie los.
- Vergebung schafft Frieden in dir.
- Hingabe ist ein aktiver Prozess.
- Hingabe befreit dich davon, alles und jeden kontrollieren zu müssen.
- Hingabe macht dich stark und lädt dich zu Abenteuern ein.
- Annehmen ist ein Geschenk.

WAS BEDEUTET DAS FÜR DICH UND IN DEINEM LEBEN?

DU DARFST

Vielleicht geht es dir wie mir und du hast jetzt diesen blöden Werbesong aus den 1980ern im Ohr? Und falls ja, dann benutze ihn *nicht* dazu, dich dünn an einem Spiegel vorbeigehen zu sehen, sondern direkt dafür, zu dieser Melodie in deinen Gedanken genau das zu tun, was du unglaublich gerne mal tun würdest ... wäre es nicht schlecht für deine Figur, deinen Ruf, dein Gewissen oder irgendeinen anderen Blödsinn, der dich davon abhält, das Leben tatsächlich und in vollen Zügen zu genießen und all die Dinge zu tun, die du gerne öfter oder überhaupt mal tun möchtest.

Schau immer öfter auf all die Dinge, die du darfst. Und fang an, sie zu tun!

Sieh dich dabei, wie du etwas ganz Unglaubliches, Schönes, Verrücktes oder Wagemutiges tust. Denn: Du darfst! Und die Worte „Ich darf" dürfen in deinen Selbstgesprächen, deinem „internen Dialog" in Zukunft viel, viel öfter vorkommen als bisher. Wie oft sagen wir „Ich muss ..." oder gar „Ich müsste ..." und „Ich sollte ...". Schau immer öfter auf all die Dinge, die du darfst. Und fang an, sie zu tun!

Frag dich ruhig öfter mal: „Darf ich das denn?" Und dann überprüfe es – das ist ganz einfach (und komm mir jetzt nicht mit Prägung, Erziehung oder Gesellschaft): Du bist eine erwachsene, gestandene Frau, und es gelten exakt zwei Gesetze für dich:

1. Die Gesetze der Region, in der du dich gerade aufhältst: Falls du beispielsweise gerade in Kalifornien bist, dürftest du nicht Auto fahren, wenn du dabei einen Hausmantel oder Bademantel trägst – in allen anderen Ländern, ist das (meines Wissens nach) nicht verboten. In Florida solltest du als weiblicher Single sonntags nicht fallschirmspringen, und in der Türkei darfst du per Gesetz als Frau am Arbeitsplatz keine Hosen tragen – auf Paama Island im Südpazifik generell nicht.

Genug unnützes Wissen: Du verstehst, was ich meine? Ist etwas per Gesetz verboten: Tu es eben besser nicht (oder sorge dafür, dass du nicht erwischt wirst). Ist es gesetzlich nicht verboten (und das lässt sich ja leicht herausfinden): Viel Spaß!

2. Die Naturgesetze – z.B. die Gesetze der Physik: Das Gesetz der Schwerkraft ist ein sehr ernst zu nehmendes Gesetz. Du solltest nichts vorhaben, was gegen die Schwerkraft, die Fliehkraft oder die Thermodynamik verstoßen möchte, denn das wäre sehr unvernünftig.

Sind deine Wünsche, Ideen, Gelüste und Vorhaben im Einklang mit den Naturgesetzen? Dann gibt es keinen weiteren Grund mehr, zu zögern. Eigentlich. Aber da wären ja noch „die anderen".

Was sollen bloß die anderen denken?

Du kannst es nicht allen recht machen, also hör auf, es zu versuchen.

Vielleicht kommt es dir gar nicht so vor, als würdest du versuchen, es anderen recht zu machen – aber ich wette, dass auch du nicht wenige Situationen kennst, in denen dir etwas in dieser Art durch den Kopf geht:

- Ich will nicht wirken, als ob ...
- Was denkt ... über mich?
- Das könnte peinlich sein.
- Ich will nicht, dass schlecht über mich geredet wird.
- Hoffentlich hat das keiner gemerkt.
- Es soll ja nicht so aussehen, als ob ...
- Meine Familie soll nicht wissen, dass ich ...
- Ich muss auf meinen Ruf achten.
- Der soll nicht denken, dass ich ...

All das sind Gedanken, in denen es darum geht, dass du dein Verhalten an das anpassen möchtest, was andere erwarten bzw. dass du dir Gedanken darüber machst, was andere denken und erwarten könnten. Dass du also bestrebt darum bist, es anderen recht zu machen.

Es anderen recht zu machen funktioniert auf so vielen Ebenen nicht: Zum einen kannst du es gar nicht allen recht machen, denn es möchte ja jeder etwas anderes: Für die einen sollst du blond sein, für die anderen brünett. Du sollst hier sein oder dort, stark oder schwach, fügsam oder eigenwillig, du kannst sowieso nicht alles für alle sein.

Du kannst es nicht allen recht machen, denn es möchte jeder etwas anderes, und du weißt in Wahrheit nicht mal, was das ist.

Aber dann doch wenigstens es denen recht machen, die man mag? Da hätte ich durchaus eine Alternative: Wie wäre es, wenn du einfach die magst, denen du es nicht recht machen musst?

Häufig genug wollen „die anderen" nämlich gar nicht, dass du es ihnen recht machst, oder es ist ihnen sogar vollkommen egal. Wie oft machen wir es anderen nämlich (vermeintlich) in vorauseilendem Gehorsam recht. Nach dem Motto „Das kann ich doch nicht bringen!", dabei würde es – was auch immer „es" sein mag – am Ende eh kaum jemanden jucken.

Du weißt nämlich in Wahrheit nicht, was andere tatsächlich wollen. Und so kannst du dich immer nur so verhalten, wie *du* denkst, dass die anderen es wollen würden. Das kann sich allerdings meilenweit von dem unterscheiden, was ein anderer wollen würde, wenn es ihn überhaupt interessieren würde. Letztlich musst du dir eingestehen:

„Die anderen" sind nur ein Hirngespinst: Deine Gedanken, was andere denken könnten, sind deine Gedanken über dich.

Wenn du dir Sorgen machst, was andere über dich denken könnten, dann bist du ja diejenige, die das denkt. Ergo: *Du* denkst so über dich und schiebst irgendwelche „anderen“ vor, um nicht die Verantwortung haben zu müssen für all das dumme Zeug, das du dir ausdenkst, während du nicht die Dinge tust, auf die du eigentlich Lust hast. Ganz schön pervers, wenn du mich fragst!

Wird es nicht langsam Zeit, dass du es vor allem dir selbst mal recht machst? Du musst doch 24 Stunden am Tag, sieben Tage die Woche, jahrein, jahraus mit dir und deinen Entscheidungen leben. Niemand verbringt mehr Zeit mit dir in deinem Leben als du selbst. Da wirst du doch bitte nicht darüber nachdenken, was jemand denken könnte, der vielleicht noch nicht mal weiß, wie du heißt?

> Wird es nicht langsam Zeit, dass du es vor allem dir selbst mal recht machst?

Natürlich gibt es da draußen Menschen, die irgendwas denken könnten. Du denkst jeden Tag alles Mögliche über alles Mögliche. Vermutlich hast auch du schon mal irgendwo eine schlechte Kritik gegeben: sei es auf einem Onlineportal, in den sozialen Medien oder wenigstens bei deinen Freunden. Es gab auch in deinem Leben schon Dinge, die dir nicht gefallen haben und über die du Entsprechendes gedacht und wahrscheinlich sogar kommuniziert hast. Und die Welt ist nicht untergegangen.

Für dich mag es anders sein, aber ich zum Beispiel kann nicht nachvollziehen, wie (oder warum überhaupt) man zum Beispiel deutsche Schlager oder Death Metal hören kann. Und dennoch haben die Damen und Herren dieser Musikgenres hunderttausende Anhänger und glühende Fans. Die Welt ist groß und bunt – und es ist für jeden etwas dabei. Und wer klug ist, beschäftigt sich mit den Menschen, die mögen oder zumindest konstruktiv kritisieren, was man selbst so von sich gibt.

Wenn das, was du gerne tun, sein, sagen oder schreiben würdest, von den ganzen 7,7 Milliarden Menschen auf der Welt nur zwei Menschen gefallen würde, wäre das bereits genug. Du könntest dich auf diese beiden Menschen fokussieren und mit diesen Menschen genau der Mensch sein, der du sein möchtest. Die Chancen, dass es noch ein paar mehr sind, sind übrigens ziemlich hoch.

Stoppe die Gedankenkontrolle

Ich habe es dir bereits im Zusammenhang mit der Hingabe gesagt: Es ist nicht notwendig, die Gedanken aller Menschen in deinem Umkreis zu kontrollieren. Denn genau das versuchst du, wenn du dir zu viele Gedanken darüber machst, was andere denken könnten.

Zum Beispiel bei dem bereits erwähnten Mann, der dir gefällt und bei dem du dennoch Desinteresse vortäuschst und ihn keines Blickes würdigst, damit er eben nichts „Falsches" denkt. Großartig, du Hobby-Mentalistin! Es hat geklappt: Er denkt wahrscheinlich nichts über dich. Und du gehst wieder alleine heim.

Wird dir das nicht langsam langweilig? Was wäre denn, wenn er tatsächlich dächte: „Die hat es aber nötig"? Dann gäbe es zwei Möglichkeiten: Entweder er fände das ganz furchtbar und würde Abstand zu dir halten (womit du genauso dran wärst wie vorher), oder er fände das ziemlich interessant und würde herausfinden wollen, ob es stimmt. Das wäre dann deine Gelegenheit, ihm zu zeigen, dass du es zwar schon nötig hast, aber nicht um jeden Preis. Du könntest mit ihm flirten (dazu später mehr) und ihn kennenlernen.

Es ist nicht notwendig, die Gedanken aller Menschen in deinem Umkreis zu kontrollieren.

„Ja, aber was, wenn er ..." Oh ja: Er könnte aufdringlich werden, schon verheiratet sein, dich auslachen, Mundgeruch haben, dumm sein ... Er könnte dein Traummann sein, impotent sein, dich falsch verstehen, dich richtig verstehen ... Ja! Es könnte alles passieren! Hey: Endlich könnte mal was passieren!

Wovor du in Wahrheit Angst hast, sind vermutlich zwei Dinge:

1. Du hast Angst vor Kontrollverlust: Ein Großteil unserer Kommunikation im Alltag ist vorhersehbar. Du weißt in etwa, was Menschen zu dir sagen oder dir antworten werden, wenn sie mit dir sprechen. Es ist ja auch irgendwie immer dasselbe. Doch wenn dir jemand gefällt, dann ist das oft außerhalb dieses „Standards", und da ist es eben nicht vorhersehbar, und das macht dich nervös. Du hast Angst, die Kontrolle darüber zu verlieren, was jetzt passiert. Und weißt du was? Kontrollverlust: Das ist der absolut beste Moment beim Sex – wenn du einen richtig geilen Orgasmus hast und plötzlich nicht mehr weißt, wo oben und unten ist und es dir auch vollkommen egal ist ... und wenn ich einen Mann sehe, der alleine durch seine Anwesenheit bereits leichte Formen von Kontrollverlust bei mir auslöst: Dann halte ich das für ein ziemlich gutes Zeichen! Erinnerst du dich? Hingabe!

2. Du hast Angst vor deiner eigenen Lust und sexuellen Ausstrahlung und schämst dich: Vielleicht geht es dir wie vielen Frauen, die nicht gelernt haben, dass es in Ordnung ist, Lust zu spüren und zu verbreiten und dass sie jederzeit in diesem Spiel Nein sagen können und dürfen. Es geht so weit, wie du es willst, und du musst es niemandem recht machen. Du darfst das! Du darfst einen Mann anschauen, anzwinkern und dir anständig unanständige Sachen mit ihm vorstellen, während du ihn anschaust oder mit ihm redest. Wenn er einigermaßen bei Verstand ist, wird er ohnehin dasselbe mit dir tun. Und du darfst einen Mann warten lassen, wenn es dir zu schnell geht, ablehnen, wenn es dir nicht mehr gefällt, und ihn zur Räson rufen, wenn er deine Grenzen überschreitet. Du darfst bestimmen und du brauchst dabei keine Zurückhaltung walten lassen.

Merke dir den Satz „*So* war das nicht gemeint!" für Notfälle, und bis dahin: Hab Spaß und schau, was passiert! Du darfst das!

Deine Regeln auf dem Prüfstand

Viele Menschen, die zu mir kommen, haben große Probleme mit Scham- und Schuldgefühlen – die meisten davon allerdings vollkommen grundlos. Das fällt aber erst auf, wenn wir die Gründe für unser Denken und Handeln erforschen und plötzlich auf „Regeln" stoßen, die aus der Sicht eines mündigen Erwachsenen gesehen total absurd erscheinen.

Viele Menschen haben große Probleme mit Scham- und Schuldgefühlen – die meisten davon allerdings vollkommen grundlos.

Der Grund dafür ist, dass nicht du, der mündige Erwachsene im 21. Jahrhundert, diese Regeln gemacht hat, sondern jemand anderes. Zum Beispiel:

- ein fünfjähriges Kind
- ein pubertierender Teenager
- ein Mensch, der noch nie guten Sex hatte
- ein Mensch, der einen oder sogar zwei Kriege erlebt hat
- ein Mensch, der gesellschaftlich und wirtschaftlich von einem anderen abhängig war

Dies sind einige typische Beispiele für Menschen, die deine Regeln gemacht haben können: Das fünfjährige Kind und der pubertierende Teenager warst vermutlich du selbst. Manchmal machen wir Erfahrungen oder haben Ängste, die mit bestimmten Lebensabschnitten zu tun haben – wenn du fünf Jahre alt bist, gelten definitiv andere Regeln (und man sagt dir auch andere) als mit 35.

„Sei lieb und artig" zum Beispiel wäre so eine Regel, die bei einer Fünfjährigen sicher gar nicht so unangemessen ist. Aber wie lange sollen diese Regeln gelten? Vielleicht bis du 95 bist?

Diese „anderen" könnten deine Eltern, Großeltern oder noch weiter entfernte Vorfahren von dir sein – das ist gar nicht so unwahrscheinlich, oder? Und Menschen mit solchen Erfahrungen würden aufgrund genau dieser Erfahrungen auch bestimmte Regeln haben – aber gelten die automatisch immer noch? Und auch für dich?

Geerbte Regeln

Eine Regel, die ich immer mal wieder von Klientinnen höre, ist der Ausspruch ihrer Mutter: „Mach dich nie abhängig von einem Mann!" Kennst du den? Wenn ich nachfrage, höre ich fast immer dieselbe Geschichte: Die Mutter war wirtschaftlich abhängig vom Vater und unglücklich in der Ehe. Gestatte mir jedoch die Frage: Warum war sie unglücklich in der Ehe? Und wie abhängig war sie tatsächlich? Denn:

1. Es gibt ja nun Gesetze. Tausende von Menschen lassen sich scheiden und leben dennoch weiter. Wenn die Ehe so schrecklich war, weil der Mann so schrecklich war: Lass dich scheiden und finde eine andere Lösung. Deine Kinder werden so oder so traumatisiert – egal, ob sie ohne Vater aufwachsen oder mit einem, den du beständig dämonisierst, so dass deine Tochter sich später niemals mit einem guten Gefühl verlieben kann.

2. Möglicherweise war der Vater ja auch gar nicht das „Monster" – die Mutter war nur zu doof und zu feige, einfach die Freiheit und die Wertschätzung einzufordern, die sie gebraucht hätte. Und weil sie sich das nicht traute, muss der Mann herhalten, der sich nicht „richtig" verhalten hat. Beste Lösung also: Ohne Mann wäre alles besser! Merk dir das, Tochter: Anstatt zu dir selbst und deinen Wünschen zu stehen und eine starke, selbstbewusste Frau zu sein, hüte dich lieber vor Partnerschaften.

Mit anderen Worten: Du lebst vermutlich ziemlich oft nach Regeln, die du nicht selbst gemacht hast – oder zumindest nicht im Vollbesitz deiner geistigen Kräfte. Sondern die jemand anderes gemacht hat ohne zu prüfen, ob diese Regel tatsächlich so sinnvoll ist.

Du lebst vermutlich ziemlich oft nach Regeln, die du nicht selbst gemacht hast.

Du lebst beständig nach den Regeln, die du oder jemand Wohlmeinendes irgendwann für dich aufgestellt hat. Doch nicht jede Regel ist für immer gültig oder gar für immer hilfreich. Es wäre daher weise, deine Regeln ab und an zu überprüfen und sie gegebenenfalls anzupassen.

Es gibt keine „richtigen" oder „falschen" Regeln – nur nützliche und weniger nützliche.

Mir ist im Laufe der Zeit eine gute Möglichkeit eingefallen, die Regeln, die ich von meinen Eltern gelernt habe, zu prüfen. Ich frage einfach: „Ist meine Mutter/mein Vater Experte auf diesem Gebiet?“

Ein Experte ist jemand, der sich in einer Sache wirklich gut auskennt und seine Fachkenntnis dadurch beweisen kann, dass er nachweisliche und nachhaltige Erfolge in diesem Fachgebiet errungen hat. Wenn du also beispielsweise Regeln zum Thema Partnerschaft von deiner Mutter „geerbt“ hast, wenn du etwas glaubst und dem folgst, was sie predigt und vorlebt, dann frage dich: „Ist meine Mutter eine Beziehungsexpertin? Hat sie nachweisliche und nachhaltige Erfolge in Sachen Partnerschaft?“

> Die Regeln, die wir von unseren Eltern gelernt haben, kannst du mit der Frage prüfen: „Ist meine Mutter/mein Vater Experte auf diesem Gebiet?"

In meiner Coachingpraxis sehe ich sehr häufig, dass das nicht der Fall ist und dass wir Menschen als Experten anerkennen, die in Wahrheit keine Ahnung haben.

Gefühle richtig einordnen

Neben „echten“ Regeln, die du hast (darüber was du darfst, sollst, musst oder eben nicht) gibt es auch noch die Möglichkeit, dass zum Beispiel Angst-, Schuld- und Schamgefühle bei dir falsch „eingepegelt“ sind. Auch das geschieht durch Erziehung und/oder Prägung durch das, was vorgelebt wurde.

> Jedes unserer Gefühle hat einen Sinn, doch nicht jedes Gefühl kommt automatisch im richtigen Augenblick.

Stell es dir so vor: Jedes unserer Gefühle hat einen Sinn, doch nicht jedes Gefühl kommt automatisch im richtigen Augenblick. In unserer Kindheit sollen wir lernen, wann bestimmte Gefühle angebracht sind. Doch das gelingt nicht immer. **Angst** zum Beispiel ist der Hinweis, dass du dich in einer gefährlichen

Situation befindest. Angst macht dich wachsam, kampf- oder fluchtbereit. Angst soll uns dazu bringen, in Situationen, in denen unser Leben oder unsere Gesundheit bedroht ist, nicht lange nachzudenken und uns zu retten. Doch wenn du zur Ängstlichkeit erzogen wurdest, hast du oft Angst in Situationen, die eigentlich gar nicht gefährlich sind und wo Angst dir in dem Moment gar nichts nützt.

Ein typisches Beispiel ist Redeangst. Niemand wird dir etwas tun, wenn du in einer Rede einen Fehler machst, und doch kann die Angst, etwas falsch zu machen, so groß sein, dass du plötzlich keinen Ton mehr herausbekommst. Das ist nicht verwunderlich: Denn wenn man Angst hat, soll man nicht reden – man soll fliehen, kämpfen oder sich tot stellen.

Schuldgefühle sollen wir immer dann haben, wenn wir etwas Falsches tun – wenn wir zum Beispiel jemandem Unrecht tun. Es ist ziemlich klar, dass auch das an sich eine wichtige Empfindung ist – Unrechtsbewusstsein in Kombination mit Schuldbewusstsein sind wichtige Pfeiler unserer Gesellschaft (die leider nicht jeder hat). Doch wenn du bereits Schuldgefühle hast, weil du mal ein Stück Kuchen isst, ist das sicher nicht im Sinne des Erfinders.

Scham entsteht, wenn wir glauben, dass etwas mit uns nicht in Ordnung ist, dass wir „falsch" sind. Wenn wir zum Beispiel glauben, dass wir bestimmte Bedürfnisse nicht haben sollten, bestimmte Gefühle nicht haben dürften, oder wenn wir uns vorstellen, dass andere uns als unmöglich oder unannehmbar ansehen. Scham ist dafür da, dass wir die Regeln der Gemeinschaft, in der wir leben, nicht verletzen (Stichwort „Erregung öffentlichen Ärgernisses"). Doch wenn deine Grenze für Scham zu niedrig ist bzw. wenn dein innerer Regler sehr hoch ist, dann schämst du dich schon bei Dingen, die für Erwachsene eigentlich vollkommen normal sind.

Scham entsteht, wenn wir glauben, dass etwas mit uns nicht in Ordnung ist, dass wir „falsch" sind.

Ein sehr typisches Beispiel für Scham an der falschen Stelle ist, wenn die Scham dich übermannt, wenn du einen Mann attraktiv findest. Denn wenn du die Pubertät überstanden hast, ist es vollkommen normal, dass Männer – und manchmal auch Frauen – auf dein Interesse stoßen und dir gefallen. Das soll genau so sein! Auf dieses Thema werde ich später nochmals ganz ausführlich eingehen, denn wir Frauen sind besonders gut im Schämen.

Falls du mit einer oder mehreren dieser Empfindungen zu kämpfen hast, hilft es oft schon, wenn du dich über einen gewissen Zeitraum beobachtest und die Angemessenheit der Empfindung infrage stellst.

Wenn du also **Angst** spürst, frage dich:

- Ist diese Situation wirklich gefährlich?
- Was befürchte ich? Ist das, was ich befürchte, wirklich gefährlich?
- Was wäre jetzt sinnvoller, hilfreicher, besser oder „schöner“, als Angst zu haben?

Wenn du dich **schuldig** fühlst:

- Tue ich gerade jemandem Unrecht? Leidet jemand konkret meinetwegen?
- Was wäre sinnvoller, hilfreicher oder besser, als sich schuldig zu fühlen?

Wenn du **Scham** spürst (dir ist beispielsweise etwas peinlich), frage dich:

- Was an mir, glaube ich, ist nicht in Ordnung?
- Stimmt das wirklich?
- Was fürchte ich, dass passieren wird?
- Wie realistisch ist das?
- Was wäre in dieser Situation sinnvoller, hilfreicher oder besser als Scham?

Und dann gib dir ganz explizit die Erlaubnis:

- Du darfst in einer Rede einen Fehler machen.
- Wenn du kein Keuschheitsgelübde abgelegt hast und auch nicht vorhast, dem attraktiven Mann gleich in der S-Bahn nackt auf den Schoß zu springen, ist es vollkommen in Ordnung, ihn attraktiv zu finden, und du darfst sogar erotische Fantasien haben, in denen er eine Rolle spielt!
- Du darfst dieses Stück Kuchen essen!

Du kannst dir auch überlegen, ab welchem Moment in einer Situation diese Empfindungen von Angst, Scham oder Schuld denn tatsächlich angebracht wären. Wenn du dir also bewusst klarmachst, dass du überreagierst und dann für dich Marker setzt, wo es vernünftig wäre, so zu reagieren, wird es sehr viel leichter.

Du könntest dir überlegen: Was wäre denn tatsächlich ein Grund, Schuldgefühle oder Schamgefühle zu haben? Bleiben wir mal beim Kuchen: Du hast Lust auf ein Stück Kuchen – aber Schuldgefühle, weil du eh gerade ein bisschen zugenommen hast ... wem genau tust du also ein Unrecht, wenn du ein Stück Kuchen isst? Allerhöchstens deinen Hüften, aber du explodierst ja nicht gleich wegen eines Stücks Kuchen. Und jetzt überleg dir mal: Kuchen essen tun wir ja nicht für unsere Gesundheit, sondern zu unserem Vergnügen – doch wie wenig Vergnügen ist noch übrig, wenn du den Kuchen isst, dich dabei aber eigentlich gar nicht vergnügt fühlst? Dann kannst du es auch gleich lassen. Also entweder bist du schon so dick, dass du wirklich keinen Kuchen essen solltest, dann wirst du nicht dünner, wenn du Schuldgefühle beim Kuchenessen hast – oder du hast wirklich Lust und genießt es.

Du könntest dir überlegen: Was wäre denn tatsächlich ein Grund, Schuldgefühle oder Schamgefühle zu haben?

Wann würde es sich denn lohnen, Schuldgefühle zu haben? Bei zwei Stück Kuchen? Bei zwei Stück Kuchen täglich? Oder drei? Na, da wahrscheinlich schon, oder? Aber bei einem? Und wenn du dieses eine wirklich richtig, richtig genießen und zelebrieren würdest, dann bliebe es ja vielleicht sogar bei einem Stück in der Woche.

Also könntest du eine neue Regel machen: keine Schuldgefühle mehr bei einem Stück Kuchen in der Woche – stattdessen vollkommene Hingabe, Genuss, Freude und Vergnügen. Du weißt, das ist dein wöchentliches Stück reuelosen Kuchens. Deshalb schlingst du nicht und schaust auch nicht auf dein Smartphone, während du es isst: Du nimmst es wahr, schaust es an, riechst daran ... du verführst deinen Kuchen und lässt dich von ihm verführen. Du steckst dir die erste Gabel in den Mund und lässt ihn auf deiner Zunge schmelzen. Du kaust so langsam und lange, bis das Aroma sich in deinem ganzen Mund verbreitet, und nimmst jede Nuance des Geschmacks wahr. Du schätzt dieses Stück Kuchen und genießt es!

Wann würde es sich lohnen, Schuldgefühle zu haben?

Selbstredend, dass du mit der Zeit auch anspruchsvoller wirst, welchen Kuchen du isst, oder? Beginne, Kuchen wirklich zu lieben, zu genießen und auch die Vorfreude darauf wahrzunehmen.

Kein Kuchen auf der Welt wird besser, wenn du ihn mit Schuldgefühlen isst!

Also genieß es entweder – oder lass es gleich! Schuldgefühle sollte man haben, wenn man jemand anderem Unrecht tut oder jemandem etwas wegnimmt. Aber wem tust du Unrecht, wenn du das Leben genießt, Spaß hast oder deine Grenzen respektierst und auch formulierst?

Wenn du dich einige Tage explizit mit den Situationen und deinen Empfindungen beschäftigst, wirst du feststellen, dass sich deine Regler für Angst, Scham und Schuld nach und nach immer mehr auf einem für dich konstruktiveren Niveau einpendeln.

Wenn Konflikte zwischen Regeln auftreten

Jede Regel nützt einem bestimmten Ergebnis – du darfst dich jedoch fragen, ob das jeweilige angestrebte Ergebnis noch aktuell ist. Also ob das, was die Regel bewirken soll, etwas ist, das du immer noch erreichen möchtest, oder ob es Konflikte zwischen verschiedenen Regeln gibt.

Zum Beispiel könnte es sein, dass du bei der „Er soll nicht denken, dass ich es nötig hätte"-Regel einen Konflikt bemerkst: Einerseits möchtest du nicht bedürftig wirken, andererseits möchtest du aber vielleicht auch mal jemanden kennenlernen. Und wenn du immer so tust, als ob du die Männer ignorierst, die du in Wahrheit gut findest, wird das ja eher schwierig: Die wenigsten Männer denken sich „Oh ja! Die Frau da hat gerade direkt weggeschaut, als ich Kontakt zu ihr aufnehmen wollte. Die findet mich bestimmt total gut – da sollte ich mal hingehen."

Ein Mann sieht jeden Tag mehrere Frauen, die ihm gefallen könnten, und er spricht normalerweise die an, die ihm zeigt, dass es okay ist, angesprochen zu werden, und nicht die, die den Kopf wegdreht und den Blickkontakt vermeidet. Du könntest dich also fragen, wie du auf diese Nummer mit dem „Nötighaben" gekommen bist – falls das eine deiner Regeln wäre. Vielleicht hat deine Mutter dir so etwas in der Art suggeriert – und sie hat das wahrscheinlich von ihrer Mutter so gelernt. Aber das war wann aktuell? 1950? Oder noch früher?

Es ist übrigens absoluter Blödsinn, dass Frauen beim Flirten nicht den ersten Schritt machen sollten. Frauen sollten unbedingt – sie müssen eigentlich sogar – den ersten Schritt machen. Sie haben ihn eigentlich schon immer gemacht: Vor hundert Jahren ließ eine Frau ihr Taschentuch fallen, wenn sie an einem Mann vorbeiging, der ihr gefiel. Der Mann konnte das Taschentuch aufheben, ihr hintergehen und sie ansprechen: „Meine Dame, Sie haben Ihr Taschentuch fallen lassen" – so ergab sich ganz ungezwun-

> Es ist absoluter Blödsinn, dass Frauen beim Flirten nicht den ersten Schritt machen sollten.

gen und „schicklich" ein erstes kurzes Gespräch, bei dem die Frau herausfinden konnte, ob der Mann ihr wirklich gefiel und ihr, falls er das wollte, weitere Avancen machen durfte. War er gänzlich uninteressiert, konnte er das Taschentuch ja auch ignorieren ... Eine perfekte Methode quasi: Er sprach nämlich sie an – aber *sie* initiierte es.

Und das ist in den meisten Fällen bis heute der schlaueste Weg: Sei ehrlich – du hast es ja vielleicht sogar nötig –, aber du wirkst doch nicht billig oder verzweifelt, wenn du einen Mann anschaust und ihm möglicherweise sogar noch zulächelst.

Und falls du verheiratet bist oder einen Partner hast: Es ist trotzdem nicht verboten, mit einem netten Mann zu flirten! Wenn dir jemand ein Kompliment macht, bedanke dich dafür – und wenn du ganz „schicklich" sein möchtest, dann antworte mit „Das findet mein Mann auch!" Denn wenn du eine „Ich darf mit niemandem flirten, wenn ich in einer Partnerschaft bin"-Regel hast, dann machst du deinen Partner komplett dafür verantwortlich, dir das Feedback zu geben, dass du attraktiv und begehrenswert bist. Und das kann über die Jahre im Alltag etwas wenig werden ... doch dieses Feedback ist so hilfreich und aufbauend!

Stell dir vor, du hast zugelassen, dass ein netter Mann irgendwo im Supermarkt oder beim Bäcker Blickkontakt zu dir aufnimmt. Er scheint dich gut zu finden. Du fühlst dich geschmeichelt und lächelst. Er fasst sich ein Herz und geht auf dich zu: „Sie haben ein tolles Lächeln! Darf ich Sie vielleicht zu einem Kaffee einladen?" Du bist verlegen, aber erfreut und antwortest: „Vielen Dank, das ist sehr schmeichelhaft – aber ich denke, mein Partner würde das nicht so gut finden, wenn ich mit charmanten Fremden Kaffee trinke." Du hast alles richtig gemacht: Du bist auf das Kompliment eingegangen, hast es sogar erwidert und dennoch deiner Partnerschaft den Vorzug gegeben. Und wie fühlst du dich, wenn du nach Hause kommst? Attraktiv? Begehrenswert? Wie eine tolle Partie? Vermutlich schon, oder? Und könnte es sein, dass sich das auf deine Ausstrahlung und dein Verhalten auswirkt? Und wer hätte davon am meisten? Richtig, dein Partner – und am Ende du.

Dies sind nur Beispiele für Regeln, die wir haben können und die nicht mehr nützlich sind, und wie wir mit ihnen umgehen könnten. Wie findest du jetzt heraus, was deine Regeln sind und ob sie nützlich sind?

Deine Regeln basieren auf deinen Glaubenssätzen.

Deine Regeln basieren auf deinen Glaubenssätzen – doch wenn wir glauben würden, dass Glaubenssätze tatsächlich nur „Glaube" wären, wäre das alles sehr viel leichter. Leider aber merken wir das gar nicht, denn für uns ist es „knallharte Realität".

Im letzten Kapitel habe ich im Abschnitt „Vergebung" auch etwas angesprochen, das eine Regel sein könnte: „Ich darf keine negativen Gefühle haben." So manche meiner Klientinnen war völlig erstaunt, was sie alles für Regeln hatte, als ihr bewusst wurde, dass das, was für sie „eigentlich total klar" war, nur eine selbst auferlegte Regel – ein Glaubenssatz – und eigentlich gar nicht so nützlich war.

Entlarve deine Regeln

Nimm dir ein Blatt Papier und teile es mit einem Strich in der Mitte in zwei Spalten. Dann denke an all die Dinge, die du „eigentlich" gerne tun würdest, dich aber nicht traust. Denke an wiederkehrende schlechte Gefühle, wo du eigentlich etwas tun wolltest, es aber eben nicht getan hast. Erinnere dich an Momente in deinem Leben, wo andere dir etwas erzählt haben (oder du etwas in einem Buch – vielleicht sogar diesem – gelesen hast) und du dachtest: „So was könnte ich nie tun!" oder „Das würde ich nie tun." Worum ging es dabei? All das schreibst du in die linke Spalte.

Also wie im Beispiel oben: „Blickkontakt erwidern" oder „Mit einem Mann flirten" oder „Eine Gehaltserhöhung fordern" oder „Alleine in den Urlaub fahren" oder „Einen Swingerclub besuchen" – ganz egal, was es ist: Schreib alles untereinander auf.

Dann frage dich bei jedem Punkt: Warum nicht? Was würde passieren? Was befürchtest du, wenn du das tun oder dir erlauben würdest? Schreibe all das in die rechte Spalte.

Frage dich bei jedem Punkt: Warum nicht? Was würde passieren? Was befürchtest du?

Deine Antworten könnten bei den oben genannten Beispielen etwa sein: „Weil ich sonst wie ein Flittchen wirke“ oder „Weil anständige Frauen das nicht tun“ oder „Weil ich nicht glaube, dass das funktioniert.“ Die einzige Antwort, die nicht gilt, ist: „Weil ich mich nicht traue“ – es muss einen Grund (oder mehrere) hinter dem „Sich-nicht-Trauen“ geben. Wovor genau hast du Angst?

Wenn du das gemacht hast, kannst du daraus deine Regeln ablesen:
- Um nicht wie ein Flittchen zu wirken, darf ich keinen Blickkontakt erwidern.
- Um eine anständige Frau zu sein, darf ich nicht mit Männern flirten.
- Weil ich sie eh nicht bekomme, darf ich keine Gehaltserhöhung fordern. (Hier könntest du es wagen, noch etwas genauer nachzufragen: Warum bekommst du keine Gehaltserhöhung?)

Und so weiter ... oder eben umgekehrt:
- Wer Blickkontakt erwidert, ist ein Flittchen.
- Eine anständige Frau flirtet nicht mit Männern.
- Ich habe keine Gehaltserhöhung verdient.
- Mein Vorgesetzter schätzt mich und meine Arbeit nicht.

Lies dir diese Regeln und Glaubenssätze laut vor, die du so ableiten kannst. Oder noch besser: Lies sie jemand anderem vor! Vermutlich wird dir dabei schon bewusst, wie absurd die meisten davon heute für dich sind. Vielleicht haben sie einmal für dich gegolten – aber das ist lange her. Oder sie haben sogar nie für dich gegolten und waren nur gut gemeinte Ratschläge aus einer anderen Zeit.

Wenn du die Regeln laut vorliest, wird dir bewusst, wie absurd die meisten davon heute für dich sind.

Wir haben das 21. Jahrhundert – wenn du unsicher bist: Mach den Gesetze-Check, und wenn es weder verboten ist noch den Naturgesetzen widerspricht, ist es wohl Zeit, neue Regeln zu machen. Du darfst das!

Mach dir neue Regeln

Neue Regeln zu machen ist an sich ganz einfach, denn die Hauptarbeit ist bereits getan, wenn du deine Regeln bzw. Glaubenssätze entlarvt hast. Die Krux an diesen Regeln ist tatsächlich, dass sie uns oft nicht bewusst sind und wir uns einfach so verhalten und unser Verhalten nie infrage stellen. Wir glauben, „die Welt ist halt so", und verhalten uns entsprechend. Wir funktionieren quasi auf Autopilot und haben nur vergessen, die Parameter so einzustellen, dass sie zu den Zielen passen, die wir tatsächlich erreichen möchten.

Wenn du also feststellst, dass du unsinnige Regeln hast, beginne damit, neue zu machen. Die meisten davon beginnen vermutlich mit „Ich darf ..." – das wäre ein guter Anfang. Mach dir eine Liste, auf die du nach und nach alles schreibst, was als neue Regel für dich gelten darf, und begründe jede Regel mit einem „weil":

- Ich darf Blickkontakt erwidern.
- Ich darf Nein sagen.
- Ich darf unartig sein.
- Ich darf ärgerlich sein.
- Ich darf Spaß haben.
- Ich darf an einem Werktag schon morgens Champagner trinken.

Das heißt ja nicht, dass du es auch musst – aber du darfst, wenn du willst.

Ganz allgemein wird es Zeit, dass du viel, viel mehr „Ich darf"-Regeln für dich aufstellst! Wir machen uns viel zu viele Gedanken über viel zu viele Dinge, die es einfach nicht wert sind. Hör auf damit und mach dir lieber Gedanken über Dinge, die du magst, die dir guttun und die dir Freude bereiten.

Ganz allgemein wird es Zeit, dass du viel, viel mehr „Ich darf"-Regeln für dich aufstellst.

Je mehr du dir selbst erlaubst, umso weniger brauchst du die Zustimmung von anderen.

Richtig oder falsch?

Im Coaching erlebe ich sehr häufig, dass meine Klienten Angst haben, etwas falsch zu machen oder dass sie gerne von mir wüssten, ob sie sich richtig verhalten haben oder was in verschiedensten Situationen „richtig" ist. Doch woher wollen wir das jemals wissen, wenn wir es nicht ausprobiert haben?

Richtig oder falsch sind immer nur Meinungen, und sie gelten nicht für jeden und in jeder Situation. Was hier und heute noch richtig ist, kann dort und morgen schon falsch sein. Es gibt nämlich in Wahrheit kein Richtig oder Falsch: Jede deiner Entscheidungen führt zu einer Folge: einer Handlung, die zu einem Ergebnis führt – manchmal gefällt dir das Ergebnis und manchmal nicht. Das ist vollkommen normal.

Ärgere dich nicht lange: Vergib dir, gib dich hin, frag dich „Was jetzt?" und geh weiter.

Ärgere dich nicht lange: Vergib dir, gib dich hin, frag dich „Was jetzt?" und geh weiter! Folge der einfachsten Regel, die es gibt:

Funktioniert das, was du tust, für dich? Dann tu mehr davon. Wenn nicht, mach etwas anderes.

Systemische Regeln verändern

Einige unserer Regeln haben auch damit zu tun, dass wir eine Art Hemmung haben, freier, erfolgreicher und/oder glücklicher zu sein als unsere Eltern und unsere Vorfahren.

Ich nenne das die „systemische Treue“: In der Anschauung der systemischen Therapie ist deine Familie das System, dem du entstammst, und es kann passieren, dass wir eine Art „schlechtes Gewissen“ haben, wenn es uns besser ginge als dem Rest des Systems, aus dem wir kommen. Gerade Frauen haben oft große Probleme damit, erfolgreicher zu sein oder gar mehr Geld zu verdienen als ihre Eltern oder eben glücklicher zu sein als die Mutter. Es kann sich anfühlen, als stünde es einem nicht zu oder als würde man jemanden verraten.

> Gerade Frauen haben oft große Probleme damit, erfolgreicher zu sein, mehr Geld zu verdienen oder glücklicher zu sein als ihre Mutter.

Im systemischen Coaching gehen wir davon aus, dass der Ursprung dieser Probleme damit zu tun hat, dass wir die „Nähe“ zu den Eltern verlieren, wenn wir es besser haben oder uns anders verhalten als sie, und dann ihre Zuneigung verlieren.

Wenn du bemerkst, dass du damit ebenfalls zu tun hast, dann gibt es mehrere Möglichkeiten, das aufzulösen: Wenn deine Eltern noch leben und du ein gutes Verhältnis zu ihnen hast, sprich mit ihnen darüber: „Wisst ihr, ich habe manchmal das Gefühl, als würde ich nicht glücklicher/erfolgreicher sein dürfen als ihr!“ Dann werden dir deine Eltern persönlich sagen können, was das für ein Quatsch ist und wie sehr sie sich für dich freuen, wenn du glücklich und erfolgreich bist.

Falls das nicht geht, kannst du es auch ohne sie lösen: Mach ein kleines Ritual – ganz unkompliziert. Mach es dir irgendwo bequem und stell dir vor deinem geistigen Auge deine Eltern vor. Und hinter ihnen stehen ihre Eltern. Hinter denen stehen wiederum deren Eltern und so fort. Ich glaube, du merkst, wo das hinführt – es wird voll: Die ersten Reihen hinter dir kennst du vielleicht noch von Fotos, aber dann wird es langsam unübersichtlich.

Wenn dir das für den Anfang zu viel ist, suche dir nur einen Elternteil aus – zum Beispiel deine Mutter. Das mit den Müttern zu machen kann gerade für uns Frauen sehr machtvoll und transformierend sein. Stell dir also deine Mutter vor und hinter ihr ihre Mutter, Großmutter, Urgroßmutter, Ururgroßmutter und so weiter. Da stehen tausende Frauen hintereinander, die vor dir gelebt haben, um dir das Leben zu schenken.

Die meisten von ihnen hatten nicht mal ansatzweise die Möglichkeiten, die du heute hast! Sie hatten nicht die Chancen und Rechte, nicht das Wissen, nicht das Geld, nicht die Stärke, nicht die Gesetze als Unterstützung. Doch du, du hast das alles und du kannst das jetzt! Du bist ihre Hoffnung! Du bist die Frau, die jetzt endlich all das tun kann, was vorher keiner von ihnen möglich war. Du bist die Frau deiner Ahninnenreihe, die alle Chancen, alle Rechte, alle Freiheiten hat.

Alle diese Frauen haben ihre Beschränkungen erlebt, die dafür gesorgt haben, dass sie sich vieles, was dir heute möglich ist oder was du dir heute wünschst, überhaupt nicht vorstellen konnten. Doch sie alle haben einen Wunsch: dass du deine Freiheit und deine Möglichkeiten nutzt, um ihren Weg und ihr Leben zu ehren.

All deine Vorfahrinnen haben einen Wunsch: dass du die Freiheit und die Möglichkeiten nutzt, die ihnen verwehrt waren.

Es ist *nicht* in ihrem Sinne, dass du nicht glücklich, frei oder erfolgreich bist, weil sie es nicht waren – es ist ihr Wunsch, dass du *auch für sie jetzt* glücklich, frei und erfolgreich bist, weil sie es nicht sein konnten. Du bist ihre große Hoffnung. Du darfst das.

Aber ich muss doch …

Wehrt sich noch etwas in dir? Oder wehren sich andere um dich herum? Beides wäre vollkommen normal.

Zum einen hast du schon viel zu lange so gelebt – mit zu wenig Spaß, Freiheit und Abenteuer – und hast es dir stets gut erklärt. Du hast Gründe für deine Regeln und hast deine Meinungen über andere Menschen und wie du dich deiner Meinung nach ihrer Meinung nach verhalten solltest.

Zum anderen sind andere Menschen möglicherweise tatsächlich gewöhnt von dir, dass du „brav“ und „artig“ bist, dass du dich selbst zurückstellst, dass du für sie funktionierst, dass du keinen Widerstand leistest, immer für sie da bist, immer leise und fügsam bist. Wenn du das jetzt ändern möchtest, ist das erst mal sehr ungewohnt und vielleicht auch unbequem für den einen oder anderen. Mach dir keine Sorgen: Das fügt sich alles.

Oder du bist es gewöhnt, das „schwarze Schaf“ zu sein. Oder „die Ordentliche“ oder „die Unglückliche“ oder die „Hilfsbereite“. Was immer es ist: Das Label, das du akzeptiert hast, sorgt dafür, dass du auch für andere Menschen eine bestimmte Funktion erfüllst, und wenn sich das verändert, knirscht es häufig erst mal im System.

Meiner Erfahrung nach gibt es zwei Arten von Freunden: Freunde, die dich lieben und sich für dich freuen, wenn du freier, selbstbewusster, glücklicher, authentischer, ehrlicher, fröhlicher, stärker, mutiger, abenteuerlustiger und couragierter wirst – und falsche Freunde: Das sind die, die dich so brauchen, wie du bisher warst. Es ist das Risiko wert, zu lernen, wer wer ist.

Du musst nicht immer und zu allen nett sein. Du musst nicht immer jedem einen Gefallen tun. Du musst nicht brav und artig sein. Du musst nicht den Vorstellungen deiner Mitmenschen oder deiner Eltern entsprechen. Du musst nicht unauffällig oder auffällig sein. Du musst nicht jede Frage beantworten. Du musst niemandem einen Gefallen tun. Du musst nicht jeden Samstag deine Wohnung putzen. Du musst nicht bescheiden sein.

Du musst nicht immer und zu allen nett sein. Du musst nicht immer jedem einen Gefallen tun. Du musst nicht brav und artig sein.

Sei eine Anführerin, keine Dienstmagd!

Falls du Familie hast: Du musst auch nicht tun, was deine Kinder von dir verlangen! Du musst dein Kind nicht jeden Abend persönlich ins Bett bringen, weil es das am liebsten hat und sonst nörgelt. Du musst deinem Mann nicht jeden Tag Fleisch auf den Tisch bringen, weil das sonst für ihn kein richtiges Essen ist. Was immer es sein mag, das in deiner Familie „normal“ ist, weil du dich daran gewöhnt hast, mehr für andere da zu sein als für dich: Du bist nicht dafür zuständig, dass immer nur andere das bekommen, was sie wollen, während du permanent den Kürzeren ziehst.

Ich weiß, das kann am Anfang eine große Herausforderung sein, aber es ist notwendig: Es ist notwendig, dass du mehr darfst und weniger musst. Es ist notwendig, dass dein Wohl, deine Gesundheit und deine Kraft an erster Stelle stehen – denn du nützt niemandem, wenn du unzufrieden, ausgemergelt, übermüdet, unbefriedigt und unglücklich bist!

Du bist eine schlechte Mutter, wenn du – um es deinem Kind vermeintlich recht zu machen – deine Bedürfnisse immer hintenanstellst und dich aufopferst. In den ersten zwei bis drei Jahren ist das anders und gerechtfertigt – und selbst hier: Lass dir helfen und glaube nicht, dass nur du alles so machen kannst, dass es richtig ist. Und mach dir klar: Ein Kind, das in der Lage ist, mit einem Smartphone, einem Tablet oder einer Playstation umzugehen, kann auch eine Spülmaschine bedienen.

Es ist notwendig, dass dein Wohl, deine Gesundheit und deine Kraft an erster Stelle stehen.

Du bist eine schlechte Partnerin, wenn du – um es deinem Partner vermeintlich recht zu machen – nie deine Wünsche und Bedürfnisse äußerst und dann unausgeglichen und gestresst bist. Gib deinem Partner die Chance, ein guter Partner zu sein: Lass ihn mehr für dich tun. Und anstatt ihm zu helfen, indem du etwas für ihn tust, hilf ihm, indem du an ihn glaubst und ihn ermutigst – auch falls es nur darum geht, ein Hemd zu bügeln.

Stell dir vor, du würdest nur ein bisschen mehr an dich selbst denken: Du würdest deinen Fokus darauf lenken, dass zuerst du glücklich und zufrieden bist. Du könntest öfter mal um Hilfe oder Unterstützung bitten und sie auch annehmen. Du würdest dich nicht mehr um alles kümmern und stattdessen zulassen, dass sich ab und an mal jemand um dich kümmert. Was würde sich für dich verändern?

Viele Frauen erzählen mir, sie hätten in ihrer Kindheit keine guten Vorbilder dafür gehabt, eine starke, weibliche Frau zu sein. Und ja: Ein gutes Vorbild in der Kindheit ist durchaus hilfreich. Und du kannst heute auch so viele andere Dinge, für die du in deiner Kindheit keine Vorbilder hattest – du hast sie gelernt, du hast begonnen, dich dafür zu interessieren, oder du hast sie selbst entdeckt … Und heute sind sie ein Teil von dir. Ganz ohne Vorbild.

Wenn es dir in deiner Kindheit an Vorbildern für starke, weibliche, vergnügte, schamlose Frauen gemangelt hat: Werde selbst eins! Werde dir bewusst darüber, wie viel schöner du es haben kannst und wie viel vergnügter, entspannter, mutiger, leichter, weiblicher, offener, dankbarer, hingebungsvoller du sein darfst und kannst, und beginne damit, es jeden Tag immer ein bisschen mehr und mehr und noch mehr zu sein.

Wenn es dir in deiner Kindheit an Vorbildern für starke, weibliche, vergnügte, schamlose Frauen gemangelt hat: Werde selbst eins!

Du kannst ein Vorbild sein für viele Frauen in deiner Umgebung, endlich weniger zu müssen und mehr zu dürfen, was sie schon lange wollen. Du wirst viele neue Menschen kennenlernen, die das bewundern und unterstützen werden. Du darfst das!

Und für jeden (inklusive deiner eigenen inneren Stimme), der glaubt, dir sagen zu müssen, was du müssen müsstest, habe ich einen ganz wichtigen Satz für dich. Sprich mir nach:

„Einen Scheiß muss ich!"

DIES IST STUFE 2

Du hörst damit auf, ständig darüber nachzudenken, was andere wollen. Du beginnst, darüber nachzudenken, was du willst: Was dir Spaß machen könnte, was du lernen möchtest, was dir guttut.

Du stellst deine unbewussten Regeln auf den Prüfstand und nimmst Korrekturen vor, die zu deinem jetzigen Leben passen. Du darfst alles und du musst gar nichts außer atmen, verstoffwechseln und irgendwann mal sterben. Und das ist auch gut so.

WAS DU AUS DIESEM KAPITEL MITNEHMEN KANNST

- Du weißt sowieso nicht, was andere wollen – also mach dir nicht so viele Gedanken darüber.
- Du selbst machst die Regeln, nach denen du handelst – also stell hin und wieder infrage, ob sie noch zu dir und deinen Zielen passen.
- Angst, Scham und Schuld sind wichtige Empfindungen – aber stell den Regler richtig ein.
- Du darfst grundsätzlich alles, was nicht gegen die Gesetze des Landes oder der Natur verstößt.
- Du bist womöglich die erste Frau in deiner Familie, die tatsächlich so leben darf, wie sie wirklich möchte – also hör auf, Ausreden zu suchen, und fang an, Spaß zu haben.

WAS DU FÜR DICH ZU DIESEM KAPITEL REFLEKTIEREN KANNST

Wo mache ich es anderen recht, obwohl es letztlich nur mich trifft?

Wo höre ich ab sofort damit auf?

Welche Regeln habe ich entdeckt?

Was glaube ich zu „müssen", obwohl es mir nicht guttut/keinen Spaß macht?

Wie/Woher kommt das?

Wie möchte ich mehr und öfter sein?

ENJOY THE TRIP!

Viele Religionen, Naturvölker, Philosophien, ja inzwischen sogar auch Wissenschaftler folgen dem Konzept, dass wir spirituelle oder kosmische Wesen sind, die eine körperliche Erfahrung machen.

Wird's jetzt doch esoterisch verschwurbelt? Nicht doch … Ich bin grundsätzlich immer praktisch orientiert – wenn ich etwas lese, höre oder lerne, dann frage ich mich immer: Wofür könnte das gut sein? Wie könnte mir das helfen? (Zum Beispiel dabei, mehr Spaß zu haben.) Und die Sache mit den „kosmischen Wesen" ist für mich so:

Ein Teil von uns ist auch bis heute der Wissenschaft nicht ganz erklärlich – es gibt viele Ausdrücke für diesen Teil: Bewusstsein, Über-Ich, Seele, Sein, Geist, Psyche, Kern. Es gibt viele Vermutungen, Geschichten, Theorien darüber, was eine Seele ist, ob es sie überhaupt gibt und wie und wo sie existiert.

Ein Teil von uns ist auch bis heute der Wissenschaft nicht ganz erklärlich.

Der Epigenetiker Bruce Lipton stellte durch seine jahrelangen Forschungen im Bereich der Zellen und ihrer Informationsverarbeitung die These auf, dass alles in unserem Körper in etwa funktioniert wie eine Antenne. Sind wir ferngesteuert? Das klingt komisch.

Über eine Sache allerdings sind sich Wissenschaftler und Esoteriker einig: Es gibt da etwas, das mit unserem Denken, Fühlen und Leben zu tun hat, das mehr ist als nur Fleisch, Haut, Knochen und elektrische Impulse in der grauen Masse in unserem Kopf. Dass wir mehr sind als nur Prägung und Instinkte. Lass mich dir eine Geschichte erzählen, mit der ich dir zeigen kann, was ich meine. Sie ist seit vielen Jahren ein hilfreiches Bild für mich, und sie zu erkennen und begreifen, hat mein Leben sehr zum Positiven verändert.

Wenn dein Leben eine Reise wäre

Eine Seele braucht einen Körper, um etwas erleben zu können.

Stell dir vor, da gibt es also diesen Teil von dir, der dieses Bewusstsein, diese Seele – oder wie immer du es nennen möchtest – und eben dieses „Mehr" ist. Diese Seele macht eine Reise, um Erfahrungen zu machen und zu lernen, um Abenteuer zu erleben, um Orte, Kulturen und vieles mehr – auch beispielsweise Begrenzung – kennenzulernen. Deshalb kommt sie zur Erde und braucht nun einen Körper, um all das erleben zu können.

Nur in einem Körper kann man die tollsten Erfahrungen machen: Schokolade essen zum Beispiel. Tanzen, küssen, schwitzen. Aber auch Schmerzen und Einschränkungen erleben. All das ist Teil des Abenteuers, des Lernens und der Erfahrung. Die Seele erhofft sich einen tollen Trip und kommt also im Körper eines Menschen auf dem üblichen Weg zur Erde. Zum Beispiel in deinem Körper. Die Reise geht los – das Abenteuer beginnt!

Und dann ... Tja, was dann? Als Erstes kommt eine längere Orientierungsphase, denn eine Seele ist zwar eigentlich unbegrenztes Potenzial, aber hier auf der Erde und in einem Körper kennt sie sich nicht aus. Sie fragt sich also, wie läuft das hier? Und startet in einer Art „Info-Camp" mit anderen, bereits erfahrenen Reisenden, die schon länger in einem Körper auf der Erde unterwegs sind.

Die Seele lernt „die Regeln"

Wenn du Pech hast, dann sind die anderen nicht besonders abenteuerlustig und achten sehr auf die negativen Aspekte des Trips: Sie erklären dir die Regeln. Sie erzählen dir, was du alles auf keinen Fall tun darfst, wo es gefährlich wird – oder sie beschweren sich permanent über den mangelnden Komfort und die Beschwerlichkeiten der Reise. Sie warnen dich vor anderen Mitreisenden und pflanzen dir alle Arten von

Sorgen in Kopf: Dass du unterwegs ausgeraubt, überfallen oder sogar bedroht, vergewaltigt oder getötet werden könntest. Sie meinen das alles nur gut. Sie wollen eben, dass du sicher bist auf deiner Reise – aber sie erzählen dir vielleicht viel zu wenig von den Schönheiten, von den guten Gesprächen, von den besonderen Orten und Momenten.

Vielleicht glauben sie, du findest das schon selbst heraus – wichtig ist doch erst mal, dass du sicher bist! Es ist auch wichtig, dass sie sicher sind. Sie wollen zum Beispiel auch nicht, dass andere schlecht von ihnen als Guides denken, wenn du dich nicht an die Regeln hältst.

Und manche von ihnen sind gar nicht mal so weit gereist – sie sind nah an ihrem Ursprungsort geblieben, weil sie Angst hatten vor der großen weiten Welt, und trotzdem wollen sie dir helfen und dir gute Tipps geben. Was wird so ein Mensch dir wahrscheinlich über die Welt erzählen? Einer, der gar nicht viel davon gesehen hat?

Manche sagen dir vielleicht sogar: „So kannst du auf keinen Fall losziehen!" oder: „Du wirst das nicht packen!" Am Anfang, wenn du jung und unerfahren bist und keine anderen Informationsquellen und keine Ahnung hast, dann glaubst du das erst mal alles. Ist doch klar – du bist ja nicht umsonst im „Info-Camp" mit den Experten!

Dann aber gehst du mal los: Am Anfang machst du kleine Erkundungstrips und kehrst dann ins Camp zurück. Natürlich hast du immer im Ohr, was man dir erzählt hat – je nachdem, wie du so drauf bist, hältst du dich an die Ratschläge oder nicht ... und machst deine Erfahrungen. Manchen Leuten im Camp erzählst du davon und bekommst Feedback dazu und weitere Geschichten, Ermutigungen oder Warnungen.

Natürlich hast du immer im Ohr, was man dir erzählt hat – je nachdem, wie du so drauf bist, hältst du dich an die Ratschläge oder nicht ...

Je nachdem, mit wem du im Camp warst, hast du unterschiedliche Warnungen und unterschiedliche Ermutigungen bekommen. Und es kann auch passiert sein, dass Leute dir ganz bestimmte Orte als „Zielorte" eingeredet haben: „Da musst du unbedingt hin! Deine Reise wird nur erfolgreich sein, wenn du diesen Ort erreichst und wenn du diese

Dinge getan hast." Beliebte Traumziele sollen ja zum Beispiel „Der Hafen der Ehe" oder „Der Gipfel des Erfolgs" sein.

Und irgendwann startest du dann auf deinen eigenen Trip – und vielleicht hast du dir tatsächlich einen der vorgeschlagenen Zielorte als Ziel ausgesucht. Und je nachdem, wer dich beraten hat, kann deine Reise ganz unterschiedlich verlaufen. Manche werden dir gesagt haben, dass du diese Traumziele nur über ganz bestimmte Wege erreichen kannst: „Du musst über die Karriereleiter gehen, wenn du zum Gipfel des Erfolges kommen willst" oder: „Wenn du den Hafen der Ehe suchst, wirst du durch das Tal der Tränen gehen."

Der Weg als Ziel

Stell dir vor, du hast eines der vorgeschlagenen Ziele als das ultimative Ziel akzeptiert und willst es so schnell wie möglich erreichen. Du schaust, was die kürzeste Strecke ist, übersiehst dabei aber, dass sie zum Bespiel Mautstraßen beinhaltet, wo du ordentlich zahlen musst. Oder die Strecke führt durch einen langen Tunnel, und das ist langweilig und man kann nirgends halten, man muss immer weiter, egal wie müde man ist. Du vergisst unterwegs zu tanken und bleibst irgendwo liegen oder du suchst dir die anstrengendste Strecke über die höchsten Berge aus und quälst dich an den steilen Hängen der Erfolgsleiter ab, bis du nicht mehr kannst.

Dann kommst du irgendwann an deinem Ziel an, schaust dich eine Weile um und denkst dir: „Das soll's jetzt gewesen sein? Was ist denn hier so toll, dass man unbedingt hierher musste?" Aber weil die Reise so beschwerlich und nervig war, bleibst du vielleicht sogar eine Weile, denn du willst ja diesen Stress nicht noch mal mit irgendeinem anderen dieser Ziele.

> Je nachdem, wer dich „beraten" hat, kann deine Reise ganz unterschiedlich verlaufen.

Da sind dann auch andere: Manche sind zum Beispiel ganz schnell dorthin gekommen – mit einem Jet. Und manche von denen scheinen zufrieden zu sein: Die wollten nur hierher, und jetzt sind sie da – fertig. Andere sind sehr unzufrieden. Sie jammern und meckern an einem dieser Traumziele noch rum, dass die Sonne nicht oft genug scheint und der Service nicht gut ist, haben aber keine bessere Idee, wohin sie sonst wollen oder was sie tun könnten, um ihren Aufenthalt zu verschönern.

Vielleicht ist dir das ja genau so schon passiert? Vielleicht bist du in deinem Leben schon auf diese Art an solche Ziele gereist? Wie würde es dir gefallen, wenn deine Reise etwas anders ablaufen würde? Du kennst zwar diese Ziele, wo fast alle mal hinwollen, und wenn es für dich passt, dann wirst du da auch mal hinfahren, aber vor allem genießt du die Reise an sich:

Suche nicht den schnellsten oder den kürzesten Weg, sondern den schönsten!

Du suchst nicht den schnellsten oder den kürzesten Weg, sondern den *schönsten*. Wenn es über einen Berg geht, dann machst du regelmäßig Rast und genießt die Aussicht. Du triffst andere Reisende und es entstehen Freundschaften. Du tauschst dich aus und holst dir regelmäßig neue, aktuelle Tipps.

Du feierst auch kleine Etappen und schaust, wo es noch schön sein könnte. Mehr als auf ein Ziel fokussierst du dich auf die Reise – auf das, was du unterwegs lernen und entdecken kannst, und auf die Menschen, die dir begegnen. Während du das tust, sammelst du wertvolle Erfahrungen, die du später an andere weitergeben kannst.

Und irgendwann lernst du wichtige Lektionen, die dir vielleicht im Camp niemand beibringen konnte, weil sie es selbst nicht wussten: Zum Beispiel, dass es auf dem „Gipfel des Erfolgs" nicht so einsam ist, wenn du ihn mit anderen zusammen besteigst. Und dass die Reise auf diese Art auch einfacher ist und viel mehr Spaß macht. Du kannst lernen, dass „Vertrauen" nicht bedeuten muss, dass du jedem alles glaubst, was er dir erzählt. Und vielleicht lernst du auch, dass du im „Hafen der Ehe" gar nicht für immer bleiben musst, sondern dass du mit deinem Partner jetzt ein größeres Boot hast und ihr von dort aus auf große Fahrt und zu vielen neuen Abenteuern aufbrechen könnt.

Und dann merkst du: Es geht gar nicht darum, irgendein bestimmtes Ziel zu erreichen, sondern es geht um die Reise an sich. Um die Menschen, die Abenteuer, die Erfahrungen.

Wie klingt das für dich? Bestimmt konntest du in dieser Metapher auch einiges finden, was dir schon im Leben begegnet ist und das du schon gemacht hast, oder? Vielleicht hattest auch du ein paar Missverständnisse und warst schon mal sprichwörtlich auf dem Holzweg oder auf dem falschen Dampfer unterwegs.

Unser Leben ist keine Reise zu einem Ort – es ist eher wie eine Rundreise. Es geht nicht darum, möglichst schnell ein bestimmtes Ziel zu erreichen. Es geht darum, die Reise zu genießen, aus ihr zu lernen und Eindrücke und Erfahrungen zu sammeln.

> Unser Leben ist keine Reise zu einem Ort – es ist eher wie eine Rundreise.

Ich habe auf meiner Reise ein paar Erfahrungen gesammelt und einige interessante Entdeckungen gemacht, die ich gerne mit dir teilen möchte. Ich hoffe, du wirst sie wertvoll finden und sie werden dir einen noch schöneren Trip bescheren!

Wohin willst du wirklich?

Wenn du dir Ziele setzt, schau immer zunächst danach, ob es Ziele sind, die du wirklich selbst erreichen kannst. Wenn es ein Ziel ist, wo jemand anderes dir entgegenkommen oder etwas für dich tun muss (und gar nichts davon weiß oder vielleicht auch gar nicht will), wird es schwer bis unmöglich, dieses Ziel zu erreichen.

> Wenn du dir Ziele setzt, schau immer zunächst danach, ob es Ziele sind, die du wirklich selbst erreichen kannst.

Wenn dein Ziel zum Beispiel ist, einen bestimmten Menschen für dich als „Reisepartner“ zu gewinnen, dieser Mensch aber nicht mitkommen will, dann wirst du deine Zeit damit verbringen, auf ihn zu warten ... welche Erfahrungen wirst du auf diesem Teil deiner Reise machen? Es ist, als würdest du mit gepackten Taschen vor jemandes Haus sitzen und darauf warten, dass er rauskommt. Bist du sicher, dass das eine gute Idee ist?

Wenn du nur weißt, wo du nicht hinwillst und was du nicht erleben willst, wird dir das wenig nützen. Du musst immer ein „Hin-zu-Ziel" haben, wenn es gut werden soll. Wirklich genau wie bei einer Reise: Du kannst nicht sagen „Ich will nicht nach Spanien, nicht nach Frankreich und nicht in die Schweiz", und dann erwarten, dass die Reise losgeht. So kannst du auch nicht sagen „Ich will dies oder jenes nicht erleben".

Das Leben funktioniert da ein bisschen wie der Sprachassistent im Smartphone: Du: „Nicht in die Schweiz." Siri: „Ich habe verstanden: in die Schweiz." Hör also auf damit, irgendwelche Dinge „nicht mehr" zu wollen – und wage es, dich *für* etwas zu entscheiden. Und das ginge so:

Anstatt zu sagen ...

- Ich will nicht mehr faul sein.
- Ich will nicht mehr unglücklich sein.
- Ich möchte aufhören, ständig über meine Probleme nachzudenken.
- Ich will weniger genervt oder gestresst sein.
- Ich will diese Eifersucht nicht mehr haben.

... sagst du zum Beispiel:

- Ich bin fleißig genug.
- In meinem Leben gibt es ganz viel Glückliches.
- Ich denke jeden Tag mehr und mehr an all meine Möglichkeiten.
- Ich nehme mir mehr Zeit für mich und meine Bedürfnisse.
- Ich bin für meinen Partner die beste Partnerin, und das weiß er auch.

Denn das wäre jedes Mal das genaue Gegenteil von dem, was du nicht mehr möchtest.

Nimm deine Ziele unter die Lupe

Wenn es um deine Ziele geht, kann es sich auch lohnen, das genaue Ziel offen zu lassen und sich stattdessen einfach nur für Erfahrungen und Erlebnisse zu entscheiden. So ist es doch ganz oft im Leben: Wir definieren ein Ziel – aber es geht gar nicht so sehr um das Ziel an sich, sondern um die Erlebnisse, die wir mit diesem Ziel verbinden.

Wenn du beispielsweise das Ziel einer Partnerschaft hast, dann ist das wahrscheinlich so, weil du bestimmte Erlebnisse, Erfahrungen und Gefühle damit verbindest, die du gerne hättest. Zum Beispiel, dass du dich gut fühlst, geliebt wirst, jemanden liebhaben kannst, dass du Erlebnisse teilen kannst, unterstützt wirst und so weiter ... und jeder, der schon mal eine Beziehung hatte, weiß auch, dass das nicht immer und zwangsläufig so kommt. Anstatt sich also einen bestimmten Partner zu wünschen, wäre es ja vielleicht schlauer, sich zu überlegen, was du denn mit einem Partner gerne erleben, erfahren, lernen und aufbauen möchtest, und das zu definieren.

Wenn es um deine Ziele geht, kann es sich auch lohnen, das genaue Ziel offen zu lassen und sich stattdessen für Erfahrungen und Erlebnisse zu entscheiden.

Wenn du dir einen neuen Job wünschst, dann vielleicht, weil du dir mehr Zufriedenheit, mehr Anerkennung, eine interessantere Aufgabe, mehr Sinn, einen kürzeren Arbeitsweg oder mehr Geld wünschst? Anstatt sich also „einen neuen Job“ zu wünschen, geh mehr auf das ein, was du *wirklich* willst – das Ziel, das hinter dem Ziel steckt.

Es lohnt sich, dir bei jedem Ziel einfach mal zu überlegen:

- Warum will ich das eigentlich?
- Was verspreche ich mir davon?
- Was soll da für mich passieren?
- Was bin ich bereit dafür zu tun?
- Worauf verzichte ich damit gleichzeitig?
- Kann ich das zeitlich, räumlich, mental, körperlich überhaupt?

Und Fragen in dieser Art kannst du dir auch jederzeit da stellen, wo du gerade bist:

- Warum wollte ich das?
- Was habe ich mir davon versprochen?
- Was sollte hier für mich passieren?
- Was habe ich bisher dafür getan?
- Worauf habe ich gleichzeitig verzichtet?
- Waren meine Erwartungen realistisch? Bekomme ich, was ich mir gewünscht und davon versprochen habe?
- Falls nein: Kann ich etwas daran ändern? Was?
- Was hätte ich denn noch lieber als das?

Ärgere dich nie darüber, wenn sich deine Hoffnungen auf ein Ziel nicht erfüllt haben. Schau dir stattdessen lieber an, was du noch tun (oder lassen) kannst, um deine Erfahrung zu verbessern, und was du aus der Erfahrung für dich lernen und mitnehmen kannst. Und dann geh weiter!

Wenn du irgendwann feststellst, dass du an allen Orten ähnliche Erfahrungen machst, glaub mir, dann liegt es an dir! Ich gebe dir im nächsten Abschnitt auch dafür ein Bild, das du sicher nachvollziehen kannst.

Auf dem falschen Dampfer

Stell dir vor, das Ganze wäre eine Kreuzfahrt – und irgendwie bekommst du nie, was du willst. Es kommt dir so vor, als ob du an Bord nicht gut behandelt wirst und alles alleine machen musst. Du bist vollkommen unzufrieden und denkst dir: „Ich bin wohl auf dem falschen Dampfer" – aber möglicherweise liegt es gar nicht daran?

Ich habe in meiner Coachingpraxis schon viel gehört und in meinen Seminaren schon viel gesehen, und da dies ein sehr metaphorisches Kapitel ist, gebe ich dir dazu mal ein paar metaphorische Beispiele davon, was ich alles schon so mitbekommen (und zum Teil auch selbst verzapft) habe, das am Ende nicht zum gewünschten Ergebnis führte.

Was du auf deiner Kreuzfahrt nicht tun solltest:

- Du gehst nicht auf die Brücke und sagst: „Lass mich mal, ich kann das!“ oder „Lass mich dir helfen!“, und reißt dem Kapitän das Steuer aus der Hand.
- Du änderst nicht dreimal die Woche deine Wünsche, wo das Schiff denn nun hinfahren könnte, und beschwerst dich dann, dass man nirgendwo ankommt.
- Du nervst nicht jeden auf dem Schiff mit deinen Storys darüber, wie gut du dich mit dem Schiff und dem Reisen auskennst.
- Du versteckst dich nicht den ganzen Tag in deiner Kabine und bist traurig, dass du an Bord niemanden kennenlernst oder dass dich niemand wertschätzt.
- Du sitzt nicht die meiste Zeit unter Deck mit den Mechanikern rum, wenn du einen Offizier kennenlernen willst.
- Du setzt dich nicht selber aus freien Stücken in die hinterste Ecke im Restaurant und beschwerst dich dann, was das für ein schlechter Platz ist.
- Du holst dir nicht nur Salat vom Buffet oder wartest, bis nichts mehr da ist, und beschwerst dich dann, dass du Hunger hast.
- Du stopfst dich nicht mit allem, was es gibt, am Buffet voll – davon wird dir am Ende nur schlecht. Das Buffet ist morgen auch noch da. Du musst nicht immer sofort alles gleichzeitig haben.

Genau solche Dinge tun nämlich viele von uns immer wieder. Und dann wundern sie sich, dass ihnen ihre Reise nicht gefällt.

Sei dir sicher: Es ist alles da, und es ist von allem genug da. Wenn du deine Wünsche verständlich, freundlich und mit einer Selbstverständlichkeit ausdrückst und die Geschenke annimmst, die das Leben dir geben will, wirst du immer von allem, was du brauchst, genug haben und noch mehr …

Mit anderen Worten: Sei ein guter Reisepartner. Gib anderen die Chance, dich kennenzulernen und zu verstehen, was du brauchst und wie man dir eine Freude machen kann. Sei ehrlich, authentisch, aufrichtig und sieh nicht alles so eng.

> Sei ein guter Reisepartner: Gib anderen die Chance, dich kennenzulernen und zu verstehen, was du brauchst und wie man dir eine Freude machen kann.

Aber sei auch anspruchsvoll: Du bist diejenige, die entschiedet, ob sie einen Fünf-Sterne-Luxustrip macht oder selber rudert. Wenn du keine Ansprüche stellst, wirst du auch nichts bekommen. Wenn du immer für alles selber sorgst oder dir das, was man für dich bereithält, nie gut genug ist, wirst du auf Dauer auch nicht verwöhnt werden.

Übung: Deine eigene Metapher
Überlege dir jetzt, was deine Metapher wäre, wenn dein Leben eine Reise wäre: Passt eine der obigen auf dich? Oder fällt dir noch eine andere für dich ein? Wenn du gerne kreativ bist, kann es eine tolle „Therapie" sein, dir diese Metapher auszudenken und sie zu zeichnen, zu malen oder als Collage, zum Beispiel aus Bildern und Schlagzeilen aus Zeitschriften, zusammenzustellen. So wirst du dich in der entsprechenden Situation sehr leicht daran erinnern, kannst schmunzeln und diese Falle umgehen.

Schätze dein wichtigstes Werkzeug

Dein Körper ist sowohl dein wichtigstes Transportmittel als auch das Instrument, durch das du all diese wundervollen Erfahrungen machen kannst.

Dein Körper ist dein Werkzeug – er trägt deinen Geist durch diese Welt. Er ermöglicht dir überhaupt erst, diese Reise zu machen und all diese Abenteuer zu erleben.

Zwar kannst du auch deinen Geist auf die Reise schicken, aber du brauchst einen Körper, um ...

- die Sonne auf deiner Haut zu spüren,
- Schokolade zu essen und Champagner zu trinken (bzw. all das, wonach dir der Sinn steht),
- den Duft der Blumen und die Meeresbrise zu riechen,
- gestreichelt werden zu können, Zärtlichkeit und Sex zu erleben,
- dir vom Wind die Haare verwirbeln zu lassen,
- zu tanzen,
- zu umarmen,
- zu lachen,
- dich zu spüren.

Ich kenne so viele Frauen, die nichts Besseres zu tun haben, als sich über ihren Körper zu beschweren – dabei ist es ihr Körper, der ihnen *alles* in ihrem Leben ermöglicht.

Dein Körper ist es, der deinen Kopf geduldig wie ein Maulesel an alle Orte deines Lebens trägt.

- Es ist egal, wie groß oder klein dein Körper ist oder wie groß oder klein, dick oder dünn einzelne Körperteile sind.
- Es ist egal, ob dein Körper ein stromlinienförmiges Luxusmodell oder ein klappriger Kleintransporter ist.
- Es ist egal, welche Farbe dein Körper hat oder ob er modern ist oder nicht.
- Es ist egal, was andere Leute über deinen Körper sagen oder ob dein Körper in den Umfragen gerade ganz vorne ist, weil viele andere deinen Körper besonders schick finden.
- Es ist egal, ob dein Körper jederzeit einwandfrei funktioniert oder ob er öfter mal Starthilfe oder Spezialtreibstoff braucht.

Und es ist auch normal, dass dein Körper im Laufe der Reise die ein oder anderen Dellen oder Kratzer bekommt:

Dein Körper ist ein Gebrauchsgegenstand!

Du musst ihn ja nicht mal schön finden – aber sei dankbar, dass du ihn hast und dass er dich trägt und deinen Geist bewirtet. Er wird nicht einen Deut schöner, wenn du über ihn schimpfst – das bringt genau so wenig, wie über ein Auto zu schimpfen. Das verändert das Auto nicht einen Hauch zum Positiven – es macht nur dir und allen anderen um dich herum während der Reise schlechte Laune.

Dein Körper wird nicht einen Deut schöner, wenn du über ihn schimpfst.

Dein Körper ist dafür da, dass du wundervolle Erlebnisse haben und „reisen" kannst. Verdirb dir nicht die Reise, indem du darüber meckerst, dass er anders sein sollte, als er ist. Pflege deinen Körper und warte ihn regelmäßig. So, wie du ein Auto betanken, warten und pflegen würdest, wenn du lange damit unterwegs sein möchtest.

Misshandle deinen Körper nicht: Überfordere ihn nicht, zerstöre ihn nicht mutwillig, lass ihn nicht nur rumstehen und „angammeln" und überfülle ihn nicht dauernd, denn sonst bricht er irgendwann zusammen. Alles ist Energie – auch dein Körper. Wenn du ihn schlecht behandelst, geht er kaputt. Wenn dein Körper kaputt ist, ist die Reise zu Ende!

Gewöhne dir an, deinen Körper regelmäßig innerlich und äußerlich zu warten und zu pflegen und ihm deine Dankbarkeit dafür, dass er dich trägt, zu zeigen:

- Gönne dir und deinem Körper ab und zu mal eine Massage.
- Kauf dir ein gutes, pflegendes Duschgel und vielleicht ein „extragutes" für Tage, die besonders werden sollen.
- Verwöhne deine Haut mit schönen Ölen und Lotionen.
- Überlege beim Essen, ob das genug oder zu viel ist, damit dein Körper leistungsfähig und gesund sein kann.

- Überfordere deinen Körper nicht. Erinnere dich: Kuchen ist für deinen Geist – nicht für deinen Körper. Dein Geist liebt den Geschmack und die Wirkung von Kuchen, Schokolade, Champagner, Gin Tonic, Macarons – oder meinetwegen Schweinebraten mit Knödeln. Dein Körper allerdings braucht das nicht – im Gegenteil, er muss oft sogar leiden, damit du genießen kannst.
- Reinige deinen Körper auch regelmäßig von innen – faste ein paar Tage im Jahr, das tut dir und ihm gut.
- Gönne deinem Körper Ruhepausen und Erholung. Keine Maschine kann dauernd unter „Volllast" funktionieren.

Lerne, deinem Körper wieder zuzuhören. Viele meiner Klientinnen haben ihren Körper jahrelang stiefmütterlich behandelt und seine wahren Wünsche und Bedürfnisse überhört und systematisch ignoriert. Auch ich habe das lange getan, weil ich es nicht besser gelernt hatte. Ich habe mich immer auf meinen Geist verlassen und konzentriert und mich nicht genug um meinen Körper gekümmert. Die Quittung waren Rückenschmerzen, Übergewicht, Regelschmerzen und so manches mehr. Alles nichts „Dramatisches", sprich: nichts Tödliches. Aber das Leben kann so viel schöner sein ohne all das.

All die Dinge, die du vorhast, kannst du am besten in einem gesunden, funktionstüchtigen Körper tun und genießen. Was immer du gerne tun und wo immer du gerne hin möchtest: Jedes Ziel kommt näher, jede Aufgabe wird leichter, jeder Genuss wird schöner, wenn dein Körper gesund, fit und ausgeruht ist. Mach dir immer wieder klar, dass dein Körper ein Gebrauchsgegenstand ist – und zwar der allerwichtigste, den du je im Leben haben wirst.

Lerne, deinem Körper wieder zuzuhören.

Deinen Körper nicht zu akzeptieren, weil er keine Modelmaße hat, ist, wie dein Auto nicht zu akzeptieren, weil es kein Ferrari ist.

Falls du mit deinem Körper unzufrieden bist

Folgende kleine Übungen wirken wahre Wunder, wenn du deinen Körper zu lange vernachlässigt hast und unzufrieden damit bist, wie er aussieht.

Übung 1: Vor dem Spiegel

Stell dich jeden Morgen 15 Minuten nackt vor den Spiegel und betrachte dich. Stell dir eine Uhr, damit du wirklich 15 Minuten da stehst. Betrachte dich diese volle Viertelstunde lang. Lass jeden Gedanken zu, der dir durch den Kopf geht – auch falls es schlimmste Selbstkritik ist.

Mach das zwei bis drei Wochen lang. Beobachte, was sich verändert. Irgendwann bist du nämlich fertig mit deiner Selbstkritik. Irgendwann bist du es selbst leid, dieses dumme Geschwätz zu hören. Dann kannst du aufhören damit und deinen Körper als das akzeptieren, was er ist: ein Werkzeug, ein Gefäß und ein Gefährt für deine Seele.

Übung 2: Danke deinem Körper

Die zweite Übung kannst du am Abend oder in einem ruhigen Moment am Nachmittag machen. Leg dich einen Moment hin und gönne deinem Körper ein paar Minuten Ruhe. Währenddessen beginne, ihm zu danken:

„Danke, liebe Füße, dass ihr mich jeden Tag durch die Gegend tragt, und ich auf euch stehen und gehen kann. Danke, liebe Beine, dass ihr euch für mich bewegt. Danke, lieber Hintern, dass ich so gut auf dir sitzen kann. Danke, lieber Schoß, dass du solch ein freudenspendendes Organ bist. Danke, liebe Blase, dass du so gut funktionierst. Danke, lieber Bauch, dass du so wunderbar die Nahrung verwertest, die ich zum Vergnügen oder zu unserer Ernährung zu mir nehme. Danke, liebe Brüste, dass ihr so zart und kuschelig seid. Danke, liebe Arme, dass ich mit euch umarmen und euch ausstrecken kann. Danke,

liebe Hände, dass ich mit euch die Welt begreifen kann. Danke, lieber Mund, dass ich mit dir küssen und mich ausdrücken kann. Danke, liebe Ohren, dass ich mit euch die Musik hören kann. Danke, liebe Augen, dass ich durch euch die Welt sehen kann. Danke, lieber Kopf, dass du mein Gehirn sicher verwahrst. Danke, liebes Herz, dass du so zuverlässig schlägst."

Bestimmt fällt dir noch mehr ein – du weißt, worum es geht. Fang am besten unten oder oben an und beachte alle deine Körperteile. Schenke ihnen deine Aufmerksamkeit und lasse Liebe und Dankbarkeit in jede Zelle fließen, denn dein Körper ist ein Wunder und er arbeitet jeden Tag für dich, damit du Spaß und Abenteuer auf deiner Reise haben kannst.

Erinnere dich: Dankbarkeit erschafft eine Energie der Fülle und des Empfangens. Wenn du diese Energie möchtest, weil du dir etwas wünschst, wäre es doch eine gute Idee, einfach damit anzufangen, deinem Körper zu danken.

Dankbarkeit erschafft eine Energie der Fülle und des Empfangens.

Ein berühmter Satz der Autorin Louise Hay lautet: „You have been criticizing yourself for years, and it hasn't worked. Try approving yourself and see what happens", „Du hast dich jahrelang selbst kritisiert und es hat nichts gebracht. Versuch mal, dir Anerkennung zu geben, und schau, was passiert!" – eine sehr gute Überleitung zu unserem nächsten hilfreichen Reisetipp.

An besondere Orte gelangen

Wenn du ganz neue Ziele erreichen möchtest, kann der Weg ein wenig holprig sein. Klar, wenn du noch nie dort warst, ist es möglicherweise nicht so einfach, dorthin zu kommen. Alles, was du kennst und alles, was du kannst, hat dich dorthin gebracht, wo du jetzt bist. Wenn du woandershin willst, musst du also vermutlich neue Wege einschlagen und neue Dinge lernen. Das bedeutet auch, infrage zu stellen, was du bisher zu wissen glaubst.

Dieses Buch zu kaufen zum Beispiel war schon ein erster Schritt in eine neue Richtung, es zu lesen ist der zweite Schritt – zu tun bzw. zu lassen, was ich dir vorschlage allerdings wird dich ein großes Stück auf einen neuen Weg und zu wundervollen neuen Zielen bringen.

Es kann daher auch gut möglich sein, dass einiges, was ich dir vorgeschlagen habe oder noch vorschlagen werde, für dich seltsam klingt, keinen Sinn ergibt oder sogar völlig absurd erscheint. Das ist vollkommen in Ordnung. Wenn dir etwas, was ich hier schreibe, überhaupt nicht gefällt oder unvorstellbar erscheint, hat es damit zu tun, dass es für dich wirklich neu ist und du diesen Weg noch nie gegangen bist. Und – um bei der Reise-Metapher zu bleiben – wenn du an einen Ort gelangen möchtest, an dem du noch nie warst, musst du vermutlich Wege gehen, die du noch nie gegangen bist. Das bedeutet, dass du raus aus deiner Komfortzone musst, denn die liegt bekanntlich im Jammertal, und da willst du bestimmt nicht hin!

Wenn du neue Ziele erreichen möchtest, musst du neue Wege einschlagen und neue Dinge lernen.

Der magische Trick, dein Ziel zu erreichen

Es gibt einen ganz fantastischen Trick, wenn du neue Wege gehen und neue Ziele erreichen möchtest. Der hat mal wieder mit der Welt in deinem Kopf zu tun. Dieser Trick nimmt dir nicht den Weg ab, den es zu gehen gilt, aber er hilft dir, den besten und schönsten Weg zu finden, hilfreiche Weggefährten anzuziehen und vieles mehr.

Zuerst lege ein Ziel fest, das du gerne als Nächstes erreichen willst. Sei dabei so konkret wie möglich. Such dir etwas Schönes aus! Das könnte zum Beispiel sein:

- Ich will mit einem fantastischen Mann zusammen sein.
- Ich will einen erfolgreichen Vortrag vor 500 Menschen halten.
- Ich will eine Firma gründen, die ... macht.

- Ich will eine schöne neue Wohnung.
- Ich will einen gesunden Körper, in dem ich mich wohlfühle.

Dann ergänze ruhig ein paar interessante Details:

- Was hast du vor mit dem schönen Mann? Wie nennt er dich? Wie wird es sein, ihn zu küssen? Wie ist euer Sex? Wie sind eure Gespräche? Was habt ihr gemeinsam? Wie oft seht ihr euch? Werdet ihr zusammenleben oder in getrennten Wohnungen?
- Was für einen Vortrag wirst du halten? Was sind das für Menschen, die dir zuhören? Wie wird sich der Applaus anhören? Wie viel wird dir dafür bezahlt? Was wirst du anziehen?
- Welche Kunden wird deine Firma haben? Wie viel wirst du verdienen? Wie sehen deine Geschäftsräume aus? Was ist deine Markenbotschaft? Was ist dein Erfolgsprodukt? Was sagen deine Kunden über dich?
- Wo und wie wird deine Wohnung sein? Welche Möbel hast du? Was für eine Aussicht hast du, wenn du aus den Fenstern schaust? Wie riecht es in deiner Wohnung? Wer ist bei dir oder besucht dich? Was machst du am liebsten, wenn du zu Hause bist?
- Wie wird dieser Körper aussehen? Wie wird er sich anfühlen? Wie wirst du dich in ihm fühlen?

Mach dir also ein möglichst detailreiches, lebendiges Bild – besser noch einen Film – davon. Dann steige richtig hinein, so dass du es wie durch deine eigenen Augen vor dir siehst und spüren kannst: Was wirst du sehen, hören, spüren – vielleicht sogar riechen oder schmecken –, wenn du dieses Ziel erreicht hast?

Dann frage dich: Ohne Zweifel wird eine solche Veränderung in deinem Leben auch dich verändern, stimmt's? Du wirst andere Facetten von dir entdecken oder betonen, vielleicht ganz neue entwickeln, dich anders fühlen – zum Teil auch anders handeln als bisher.

Mach dir ein möglichst detailreiches, lebendiges Bild – besser noch einen Film – von deinem Ziel.

- Was genau wird sich verändern an dir?
- Was wirst du anderes tun, denken und sagen, als du es bisher tust, denkst, sagst?
- Wie wird sich diese Veränderung auf deine Persönlichkeit auswirken?

Vielleicht fällt es dir zurzeit noch nicht so leicht, diese Fragen zu beantworten: Schau dich um! Kennst du jemanden, der bereits hat, was du willst – der da ist, wo du sein möchtest? Das können Menschen aus deiner Umgebung sein, aber auch bekannte Persönlichkeiten.

Dann schau dir dort etwas ab! Frage Menschen, die das haben, was du willst, oder lies ihre Biografien, wie sie es geschafft haben, das zu erreichen, was du gerne hättest. Stell dir vor, wie das an dir wirken würde. Was würde passieren, wenn du dich so veränderst wie diese Person, die dort ist, wo du sein möchtest? Wie würde das bei dir aussehen und klingen?

Beginne, das zu tun, zu denken und zu sagen, was ein Mensch tun, denken und sagen würde, wenn er dort ist, wo du gerne sein möchtest, und du wirst feststellen, dass dein Ziel regelrecht auf dich zufliegt. Du kannst einen vorgezogenen Dankesbrief schreiben:

„Liebes Universum (oder „Lieber Gott“, „Liebe Göttin“, „Große Kraft“ oder auch deinen eigenen Namen – das ist in diesem Fall eigentlich alles dasselbe),

ich danke dir so sehr, dass du ... (was du dir wünschst) ... in mein Leben gebracht hast und ich heute ... habe/bin. Gerade habe ich ... gemacht und bin unglaublich glücklich damit.“

So etwa in der Art. Ich denke, du verstehst, worauf ich hinauswill. Beschreibe, was du dir wünschst, so, als ob du es schon hättest, und beschreibe, wie gut sich das anfühlt und was du damit tust.

Beschreibe, was du dir wünschst, so, als ob du es schon hättest.

Schau dich in deinem jetzigen Leben, in deiner Wohnung, in deinem Kleiderschrank um: Sieht so das Leben, die Wohnung, der Schrank der Frau aus, die erreicht hat, was du dir wünschst? Wenn nicht: Los geht's! Du kannst als Erstes rauswerfen, was *nicht* in dieses Leben passt, das du haben möchtest.

Du willst erfolgreich sein? Wie sieht das Leben, die Wohnung, das Auto, der Schrank, der Kühlschrank, das Badezimmer einer erfolgreichen Frau aus?

Du willst eine liebevolle Beziehung? Wie sieht das Leben, die Wohnung, der Schrank einer frisch verliebten, heiß begehrten, wundervollen Frau aus?

Schmeiß raus, was nicht zu der Frau passt, die du sein möchtest, wenn du haben willst, was du dir wünschst!

Ich gebe dir ein paar Beispiele:

- Du sorgst dafür, dass dein Leben nach und nach aus immer weniger Situationen und Menschen besteht, die dich nerven, und immer mehr Situationen und Menschen, die gut für dich sind und dir guttun bzw. Freude machen. Und so sollte alles in deiner Umgebung sein: Schmeiß raus, was dich nervt, was kaputt ist oder nicht funktioniert.
- Deine Wohnung – egal wie klein – ist ein Ort, an dem du jederzeit Menschen empfangen kannst.
- Deine Wände und dein Schreibtisch sind nicht mehr mit „Ich liebe mich selbst"-Erinnerungsbotschaften versehen, denn du hast es in dich hineingelassen, lebst es und strahlst es aus.
- Du hast einen Wohlfühlort in deiner Wohnung, der ganz dir allein gehört und an dem du dich wie eine Königin fühlst.
- Dein Schlafzimmer ist ein Ort, an dem jederzeit heißer, lustvoller Sex passieren kann.
- In deinem Kleiderschrank sind keine Kleider, die alt, abgetragen, viel zu klein, kaputt oder „Hauptsache praktisch" sind.
- In deinen Küchenschränken sind keine zerbrochenen, hässlichen Teller oder Tassen, keine uralten abgelaufenen Lebensmittel, kein Chaos, das einem entgegenkommt, wenn man die Tür aufmacht.
- Du redest freundlich und aufmunternd mit dir, machst dich nicht mehr klein oder sogar fertig.

Es ist nicht so, dass du so sein wirst, wenn du hast, was du dir wünschst – dein Weg zum Erfolg geht genau andersherum: Du wirst bekommen, was du dir wünschst, je mehr dein Leben so ist und du so bist. Du wirst dich wundern, was alles passieren kann, wenn du mit der Übung beginnst und dein Leben, deine Wohnung, deine Schränke, dein Auto, deinen Schreibtisch, deinen Kühlschrank und so weiter nach und nach einfach mal entrümpelst. Sei überrascht, wie viel Spaß das macht, wenn du erst einmal damit angefangen hast, und wie leicht und beschwingt du dich fühlst, wenn gehen darf, was nicht mehr zu dem Menschen passt, der du sein willst.

Sei überrascht, wie viel Spaß das Entrümpeln macht, wenn du erst einmal damit angefangen hast.

Schaff Platz für das Neue – für Schönes, Wertvolles und Wunderbares, was immer das sein mag. Denn es wird kommen, wenn du es zulässt und Platz dafür schaffst.

Reise mit leichtem Gepäck – auch im Geist

Während du deine Umgebung entrümpelst, entrümpele genau so auch deinen Geist: Gedanken und Worte können Tonnen wiegen ... Jedes „Aber“, das du hast, klebt dich am Boden fest und hält dich genau da, wo du bist. Beobachte mal, wie oft du „aber“ oder „ja, aber“ sagst und denkst. Jedes Mal, wenn du „aber“ sagst, löschst du mit diesem „Aber“, was vorher gesagt wurde:

- „Ich würde ja gerne, aber ...“ – alles, was du gerne würdest, ist damit hinfällig.
- „Du hast ja recht, aber ...“ – „recht haben“ ist vollkommen egal, es ist damit ungültig.
- „Ja, schon, aber ...“ – also nein.

Streiche das Wort „aber“ aus deinem Wortschatz, wo immer möglich. Schau mal, was passiert, wenn du es durch „und“ ersetzt. Du hast genug „geabert“. Das „Aber“ bringt dich kein Stück weiter, macht nichts besser oder schöner für dich.

Neulich hörte ich in einem Seminar Folgendes: „Das Wort ‚aber‘ bedeutet in den meisten Fällen dasselbe wie das Wort ‚Arschloch‘: ‚Du hast ja Recht, Arschloch. Ich mache das trotzdem nicht.‘ Immer wenn jemand zu mir ‚aber‘ sagt, verstehe ich ‚Arschloch‘.“ Ich musste so lachen – und seitdem höre ich es auch.

Streiche das Wort „aber" aus deinem Wortschatz, wo immer möglich.

Häufig genug ist das „Aber“ ein Ausdruck davon, dass wir uns davor scheuen, etwas anderes, Neues auszuprobieren: „Ja, Nina, das klingt ja durchaus schlüssig, was du schreibst, *aber* ...“ schreiben mir manche Menschen. Und dann folgt eine Argumentation, warum das meiste davon für den Schreiber nicht machbar oder zutreffend ist.

Stell dir vor, dass du, anstatt all die „Abers“ zu analysieren, auf das schauen würdest, was machbar ist. Selbst wenn das nur *eine* einzige Sache wäre – wie zum Beispiel: Schluss mit Aber!

Das Wort „und“ wird dir an vielen Stellen häufig unpassend vorkommen – probiere es trotzdem!

- „Ja, das ist richtig, was du sagst, und ich habe damit meine Schwierigkeiten.“
- „Ja, ich respektiere deine Meinung, und ich habe da andere Erfahrungen.“
- „Und das stimmt doch gar nicht!“
- „Und ich wollte das doch machen!“
- „Und so nicht!“
- „Es geht mir gut, und ich habe etwas Rückenschmerzen.“
- „Der Urlaub war schön und viel zu kurz.“

Deine Sprache verändert deine Welt

Und was wird erst passieren, wenn du negative oder „Weg-von“-orientierte Sätze umwandelst in positive, „Hin-zu“-orientierte Sätze? Wie oft reden wir – ohne es zu merken – negativ, kritisch und über das, was wir nicht wollen! Wir sind es einfach so gewohnt. Deine Sprache allerdings formt ebenfalls deine Welt und deine Realität, und es lohnt sich, sie zu verändern.

Erinnere dich: Die Reise geht nie los, wenn du nur sagst, wo du *nicht* hinwillst. Und Hingabe bedeutet auch, nicht mehr gegen das zu kämpfen, was du nicht willst, sondern dich auf das einzulassen, was das Gegenteil davon sein könnte. Nimm dir einen Zettel – am besten jetzt gleich (ja, sofort!), teile ihn in zwei Spalten und schreibe Folgendes auf:

Die Reise geht nie los, wenn du nur sagst, wo du *nicht* hinwillst.

Nenne ...

- drei Zustände, in denen du nicht mehr sein möchtest,
- drei Handlungen, die du nicht mehr tun willst,
- drei Dinge oder Situationen, die du nicht mehr haben willst,
- drei Gedanken, die du nicht mehr denken möchtest,
- drei Sätze oder Wörter, die du nicht mehr sagen willst.

Also zum Beispiel:
Zustände, in denen ich nicht mehr sein will:

- Ich möchte mich nicht mehr ständig ärgern.
- Ich möchte nicht mehr neidisch auf andere sein.
- Ich möchte nicht mehr unglücklich sein.

Was ich nicht mehr tun will:

- Ich möchte mich nicht mehr selbst belügen.
- Ich möchte keine Dinge mehr tun, die mir keinen Spaß machen.
- Ich möchte nach 19 Uhr nichts mehr essen.

Was ich nicht mehr haben will:

- Ich will keine anstrengenden, komplizierten Menschen in meinem Leben haben.
- Ich will keine komischen Gefühle mehr haben, wenn ich einen Mann attraktiv finde.
- Ich will kein Minus mehr auf dem Konto haben.

Was ich nicht mehr denken will:

- Das schaffe ich nicht.
- Das ist zu gefährlich.
- Das gehört sich nicht.

Wörter, die ich nicht mehr benutzen will:

- aber
- man
- Problem

Dann schreibe in die zweite Spalte das Gegenteil davon so auf, als wäre es bereits da. Hab die Entscheidung getroffen und es anders gemacht, jetzt direkt. Die Wirkung ist bereits eingetroffen:

- drei Zustände, in denen du stattdessen sein willst,
- drei Handlungen, die du stattdessen tust,
- drei Dinge oder Situationen, die du haben willst,
- drei Gedanken, die du stattdessen denkst,
- drei positive Sätze oder Wörter, die du statt der negativen sagst,

die alle jeweils das Gegenteil dessen sind, was du auf den ersten Zettel geschrieben hast:

Zustände in denen du sein willst (so, als ob sie bereits da wären):

- Ich lebe in der Freude, bin ausgeglichen und zufrieden.
- Ich gönne jedem alles und von Herzen.
- Ich bin glücklich und finde an jedem Tag etwas Gutes.

Positive Handlungen:

- Ich bin ehrlich und klar mit mir selbst.
- Ich tue Dinge die mir Spaß machen, und bringe Spaß in die Dinge, die ich tue.
- Ich esse mich satt und zufrieden zwischen 9 und 19 Uhr.

Situationen, wie sie sein sollen:

- Ich strahle Klarheit und Freude aus und ziehe ebensolche Menschen an.
- Ich fühle mich wohl, schön und sicher, wenn ich einen Mann sehe, der mir gefällt.
- Ich habe immer genug Geld auf dem Konto.

Wörter, die du statt der negativen benutzt:

- „und“ statt „aber“
- „ich“ statt „man“
- „Herausforderung“ statt „Problem“

Lies dir diese neue Liste laut vor. Wie fühlt sich das an? Diese Prozedur kannst du beliebig oft wiederholen – mit dieser Liste, bis du jeden einzelnen Satz glauben kannst, den du dir vorliest, und dann mit einer weiteren und noch einer weiteren. Wenn du in ein paar Monaten mal herzlich lachen willst, dann hebe dir die ersten Listen auf und hole sie in sechs oder acht Monaten wieder hervor. Du wirst dich wundern, was du damals so alles aufgeschrieben hast.

Du wirst feststellen, dass dies nach und nach dafür sorgt, dass du mit leichtem Gepäck unterwegs bist – und so reist es sich doch sehr viel angenehmer! Mit der Zeit wirst du feststellen, dass du mehr und mehr Menschen triffst, die dir von Erlebnissen und Zielen erzählen, die du dir heute vielleicht noch gar nicht vorstellen kannst. Auch das ist ein Teil der Reise: zu entdecken, was es alles zu entdecken gibt. Du musst nicht zwangsläufig dorthin, wo viele hinwollen – es ist okay, wenn du deinen eigenen Weg wählst.

Auch das ist ein Teil der Reise: zu entdecken, was es alles zu entdecken gibt.

DIES IST STUFE 3

Du kriegst deinen Arsch hoch und beginnst, deinen Körper als das zu sehen, was er ist: dein Verbündeter, dein Transportmittel, dein Werkzeug in dieser Welt. Du wirfst Ballast ab und beginnst, der Mensch zu werden, der du sein willst, um zu bekommen, was du haben willst. Du kannst erkennen, dass „Ziele" zwar durchaus wichtig sind – aber noch wichtiger ist dein Weg dahin. Denn der Weg an sich, das ist dein Leben, und wie du deinen Weg gestaltest, bestimmt, wie dein Leben sein wird.

Und PS: Du kannst das Leben genießen – oder eben nicht. Enden wird es so oder so eines Tages. Du bestimmst, ob es eine großartige, abenteuerreiche, lehrreiche, inspirierende, erfüllte Reise war – oder eine langweilige oder sogar anstrengende Pauschalreise, die dir nicht mal richtig Spaß gemacht hat und an die sich auch sonst keiner erinnert.

WAS DU AUS DIESEM KAPITEL MITNEHMEN KANNST

- Das Leben ist eine Rundreise. Es geht nicht darum, überall möglichst schnell anzukommen, sondern den Trip zu genießen.
- Viele „Reisetipps" hast du von Menschen bekommen, die noch nie da waren, wo du hin willst.
- Wenn du Ziele definierst, schau immer, was die Ziele hinter dem Ziel sind.
- Dein Körper ist dein Verbündeter – behandle ihn auch so.
- Um deine Ziele zu erreichen, werde der Mensch, der diese Ziele erreicht hat.
- Entrümpele deine Wohnung, deine Umgebung und deine Sprache und du wirst mit sehr viel leichterem Gepäck sehr viel angenehmer unterwegs sein.

WAS DU FÜR DICH ZU DIESEM KAPITEL REFLEKTIEREN KANNST

Was war für mich in diesem Kapitel besonders wertvoll?

Was habe ich auf eine ähnliche Art auch schon so erlebt?

Womit bin ich nicht einverstanden?

Warum nicht?

SEI DIE KÖNIGIN DEINES LEBENS

Während du dir dein Leben als Reise vorgestellt hast, hast du wahrscheinlich (ganz automatisch) gedacht, dass es „fremde Länder“ sind, die du bereist, oder? Naja – und irgendwie ist das ja auch so: Jede wirklich neue Erfahrung, die wir machen, jede neue Sache, die wir lernen, ist wie ein neuer Ort, den wir entdecken. Doch lass uns noch einen Schritt weitergehen:

Stell dir vor, wie es wäre, wenn du durch all diese Orte reist und nicht mehr das Gefühl hast, dort nur Touristin zu sein: Wie würde sich dein Reisen und deine Wahrnehmung verändern, wenn du wüsstest, dass es deine eigenen Gebiete sind, die du bereist? Dass sie allesamt – egal wie unbekannt – ohnehin dir gehören! Gefällt dir dieser Gedanke oder ruft er bei dir eher Angst oder Ablehnung hervor?

Ich weiß aus der Arbeit mit meinen Klientinnen, dass dieser Gedanke für manche erst einmal sehr irritierend, ja sogar überfordernd oder abstoßend sein kann: Viele Frauen haben gelernt, dass Bescheidenheit eine Zier ist und es besser ist, „unter dem Radar“ zu bleiben und nicht zu anspruchsvoll zu sein. Viele von uns haben auch Angst vor zu viel Verantwortung oder vor – Gott bewahre – Macht. Wir ersetzen in unserem Denken „Macht“ oft direkt durch „Machtmissbrauch“ oder „Gewalt“ und wollen nichts damit zu tun haben.

Das Gegenteil von Macht ist Ohnmacht.

Doch bedenke: Das Gegenteil von Macht ist Ohnmacht. Und das will doch auch niemand … Würde es dir besser gefallen, wenn du „Macht“

verbinden könntest mit „Einfluss", „Kraft" und „Mitbestimmung", „Selbstwert" oder „Selbstermächtigung"?

Selbstbestimmt zu leben und agieren zu können ist für die meisten Menschen, die ich kenne, einer ihrer wichtigsten Werte. Doch das kann nur passieren, wenn du deine Macht annimmst – ansonsten bestimmen andere und nicht du, wie dein Leben läuft. Es wird dringend Zeit, dass wir annehmen, was sowieso uns gehört – und dass wir es genießen, feiern und zum Besten nutzen. Dein Leben gehört dir! Deine Erfahrungen gehören dir!

Erinnere dich: Die Welt entsteht in deinem Kopf – und warum solltest du wie eine Touristin durch dein eigenes Leben stolpern? Warum solltest du alles selber machen? Und warum solltest du nicht wunderschön, vergnügt und frei sein? Wer könnte etwas dagegen haben? Wer müsste es dir erlauben?

Erinnere dich: Du darfst ... Du selbst darfst dir die Erlaubnis dafür geben. Und manchmal ist es genau das, was es braucht: deine Erlaubnis. Du bist nicht geboren, um dich abzurackern, dich klein zu machen oder an dir zu zweifeln! Es ist nicht dein Schicksal, gestresst, genervt oder angestrengt zu sein, dich immer bemühen zu müssen, es jedem recht zu machen oder dich verstellen zu müssen! Schluss damit! Es wird Zeit, die Königin in dir aus ihrem Schlaf zu wecken!

Warum solltest du nicht wunderschön, vergnügt und frei sein? Wer könnte etwas dagegen haben? Wer müsste es dir erlauben?

Die Königin in dir

„Ach Nina, jetzt trägst du aber dick auf – warum muss es denn gleich eine Königin sein? Ist das nicht furchtbar übertrieben? Wir können doch nicht alle Königinnen sein." Falls dir gerade irgendetwas in dieser Art durch den Kopf ging: Meine Liebe, es *muss* eine Königin sein. Eine Königin muss ihre Königlichkeit nämlich nicht „verdienen", aber sie darf sie anerkennen und sich ihrer würdig erweisen. Sie kann bescheiden und pragmatisch sein – und ist dennoch eine Königin.

Falls sich etwas in dir gegen die Sichtweise von dir selbst als Königin sträubt: Untersuche sie mit wissenschaftlicher Neugier, denn genau hier ist dein größtes Potenzial zur Freiheit und zur Freude verborgen.

Sei ganz ehrlich mit dir selbst und beantworte dir die Frage: Warum erscheint dir das „unpassend" oder „übertrieben"? Was ist der Unterschied zwischen dir und einer Königin? Oder was, glaubst du, ist eine Königin, das du nicht sein möchtest?

Was ist der Unterschied zwischen dir und einer Königin? Oder was, glaubst du, ist eine Königin, das du nicht sein möchtest?

Könnte es möglicherweise sogar sein, dass wir unser Leben lang immer so hinterher sind, Anerkennung, Zustimmung und Dankbarkeit von anderen zu erhalten, weil wir insgeheim glauben, dass wir mit genug „Anerkennung von außen" uns irgendwann selbst anerkennen können? Das funktioniert nicht, denn du wirst von außen nichts bekommen, was du nicht bereit bist, dir selbst zuzugestehen. Und genau deshalb muss es eine Königin sein.

Wenn du möchtest, dass ein Mann dich respektiert, verehrt und achtet, sich um dich bemüht, dich ab und zu auch verwöhnt – sprich: dich „wie (s)eine Königin" behandelt –, dann wäre es doch gut, wenn du eine Königin bist und ihn durch deine Ausstrahlung und dein Verhalten dazu verführst, dich genauso zu behandeln.

Und ich spreche hier nicht davon, dass du nicht eine „Beziehung auf Augenhöhe" haben solltest – im Gegenteil! Doch diese Augenhöhe ist selten durch das Selbstbild und das Verhalten erreichbar, das die meisten Frauen verinnerlicht haben. Also lass uns doch mal von der anderen Seite herangehen: Sei zuerst einmal eine Königin und führe eine königliche Beziehung mit (d)einem König.

Wie du eine Königin bist

Das Mindset einer Königin bedeutet: Ein Leben in Anerkennung der Fülle auf allen Ebenen und die Freiheit von jeglichem Mangel, weil es genug von allem gibt und du „haben darfst" und „sein darfst", ohne verdienen zu müssen.

Es bedeutet auch die Fähigkeit, dich in jeder Situation nicht als Opfer, sondern als „Mit-Erschafferin" wahrzunehmen. Es bedeutet, authentisch – nach deiner Fasson – zu leben, zu lieben und geliebt zu werden und deiner Intuition zu folgen.

Auch wenn du jetzt im Moment vielleicht noch gar nicht genau weißt, wie du das anstellen sollst – keine Sorge, ich habe auch hier natürlich wieder ein paar gute Ideen für dich: Eine Königin zu sein, ist im ersten Schritt eine Wahl – eine Wahl, die du *jetzt* treffen kannst.

Eine Königin zu sein, ist im ersten Schritt eine Wahl – eine Wahl, die du *jetzt* treffen kannst.

Willst du zukünftig eine Königin sein? Dann sage jetzt „Ja!" Denn auch das gehört zum Mindset einer Königin: Eine Königin sagt nicht: „Ach, hm ... mal sehen, ich weiß noch nicht genau. Kann ich mir das noch überlegen? Bis wann musst du denn Bescheid wissen?" Eine Königin sagt klar Ja oder Nein (und sie kann ihre Meinung auch wieder ändern, wenn es die Umstände erfordern).

Tatsächlich ist der Weg zu einem „königlichen Lebensgefühl" sehr aufregend, transformierend und dabei nicht einmal kompliziert (vielleicht manchmal anspruchsvoll, aber nicht kompliziert). Du musst nämlich eigentlich nicht viel machen – im Gegenteil: Viel eher darfst du dich daran gewöhnen, Dinge zu lassen.

Genau da liegt nämlich in vielen Fällen unser Fehler: Wir sind so fleißig, bemüht und strebsam, wir wollen immer etwas *machen*. Genau wie im letzten Abschnitt über die Reise deines Lebens entsteht die größte Wirkung gar nicht im Machen, sondern viel eher im Weglassen. Wie wäre es, einfach mal mit ein paar Dingen aufzuhören? Du wirst erstaunt sein, wie das wirkt: Du wirst mit jedem Schritt, den du weitergehst, zu leuchten beginnen.

Das Leuchten ist längst in dir – man kann es nur nicht sehen, weil so viele Schichten aus Selbstverleugnung, Selbstkritik und Selbstzweifeln darüberliegen.

Was würde passieren, wenn du all diese Schichten einfach nach und nach abstreifst? Wenn du nicht mehr beständig deine Ängste und Zweifel kompensieren müsstest und stattdessen einfach strahlst? Wenn du dich nicht mehr ständig anstrengen, bemühen und beweisen müssest und stattdessen einfach wie ein Magnet das Gute anziehst und es dann auch noch freudig annimmst?

Wenn du keine Angst mehr haben müsstest, dass Menschen deine Grenzen überschreiten, weil du so klar und so respektabel bist, dass sich ohnehin niemand mit dir anlegen möchte? Wenn du es nicht mehr bräuchtest, dass andere dich validieren, weil du dir selbst die Wertschätzung und die Anerkennung gibst, die du immer haben wolltest? *Das* wäre ein königliches Mindset – und es wäre weder überheblich noch arrogant – es wäre gesund. Denn wenn du dir selbst gibst, was du brauchst, kannst du es danach auch anderen geben – aus vollem Herzen.

Was würde passieren, wenn du nicht mehr beständig deine Ängste und Zweifel kompensieren müsstest und stattdessen einfach strahlst?

Hier folgen die zehn Dinge, die du lassen kannst, um die Königin deines Lebens zu sein.

1. Hör auf, ein Opfer zu sein

Königlichkeit kann sich nicht einstellen, während du ein Opfer bist, und das bist du immer dann, wenn du anderen Schuld zuweist oder einfach sagst „Ich kann das nicht (weil ...).“ Wenn du „die Umstände“, die Zeit, deine Vergangenheit oder andere Menschen für dein Leben oder dein Schicksal verantwortlich machst, machst du dich automatisch zum Opfer, und das hat nichts Königliches.

Du kannst wählen, ob du eine „mächtige“ Königin bist und Verantwortung für (und damit Macht über) dein Leben hast, oder ein Opfer davon bist – beides zugleich ist nicht möglich.

Vielleicht siehst du dich selbst im ersten Moment gar nicht als „Opfer“: Du hast dein Leben im Griff und fühlst dich alles andere als ohnmächtig oder unterdrückt. Und du hast trotzdem nicht, was du willst ... Und warum nicht?
Weil ...

- deine Familie dich dazu gebracht hat, etwas zu studieren, das dir gar keine Freude macht,
- du eine Karriere gemacht hast, die dich nicht befriedigt, aber du nichts anderes gelernt hast und keinen Rückschritt machen kannst,
- dein Ex-Partner einfach die Pest ist und dir ständig Stress macht,
- deine Eltern so hohe Ansprüche an dich haben,
- du, seit das Kind da ist, ein ganz anderes Leben führst und all die Dinge, die vorher normal waren, plötzlich ganz anders sind,
- deine Firma dich braucht, dich aber nicht angemessen bezahlen kann,
- du selbständig bist, dich aber nicht traust, deine Preise zu erhöhen bzw. in einem Bereich arbeitest, wo du „eben nicht mehr verlangen kannst“,
- du einfach zu wenig Zeit dafür hast.

Dies sind Sätze, die ich alleine in den letzten Monaten von Frauen gehört habe. Und sie alle sind „Opfer“: Sie sind die Opfer ihrer Familien, ihrer Karrieren, ihrer Ex-Partner, ihrer Eltern, ihrer Kinder, ihrer Arbeitgeber oder ihrer Kunden bzw. ihrer Berufswahl und dann auch noch Opfer der Zeit. In Wahrheit allerdings sind sie hauptsächlich Opfer ihres eigenen Mindsets und ihrer Prioritäten. Doch das kann sich erst verändern, wenn wir das Opfersein erkennen und beenden.

Bitte versteh mich nicht falsch: Ich weiß aus eigener Erfahrung, dass viele Situationen im Leben nicht einfach sind und dass man nicht alles so leicht mit einem Fingerschnippen ändern kann. Ich will dir nicht sagen, dass du selbst schuld bist oder dich nicht so anstellen sollst. Gott bewahre – ganz im Gegenteil!

Unser Mindset kann sich erst verändern, wenn wir das Opfersein erkennen und beenden.

Die Umstände selber – egal welche – sind ja möglicherweise gerade schon nervig genug, aber mach dich nicht noch zum Opfer davon: In den Abschnitten „Du darfst" und „Vergebung" ging es bereits darum, das „Täter-und-Opfer-Spiel" zu beenden; dir selbst und anderen zu vergeben, wenn in deiner Vergangenheit manches nicht so war, wie du es gerne gehabt hättest, und dir selbst mehr Freiheit, mehr Möglichkeiten und mehr Einflussnahme zu erlauben.

Wo in deinem Leben glaubst du noch, dass andere dich zurückhalten oder verhindern, dass du bekommst, was du dir vom Leben wünschst?

Erkenne: Der Punkt, an dem du heute bist, ist eine Folge der Entscheidungen, die du in deiner Vergangenheit getroffen hast. Du hast immer die – aus damaliger Sicht – bestmögliche Entscheidung getroffen. Vielleicht würdest du aus der heutigen Sicht manche Entscheidung anders treffen. Das bedeutet, dass du etwas gelernt hast, und das ist doch gut!

Ich habe in meiner Vergangenheit so manche Entscheidung getroffen, von der ich im Nachhinein dachte: „Auweia, hättest du das mal anders gemacht!" Aber letztlich konnte ich das erst wissen, *nachdem* ich die Erfahrung gemacht hatte. Ich nenne das schlicht und einfach Lehrgeld: Zeit, Geld, Nerven, die es eben kostet, wenn Dinge anders kommen, als man sie erwartet oder sich gewünscht hat.

Und manchmal liegt es ja gar nicht mal an den eigenen Entscheidungen: Manchmal schickt uns das Leben Möglichkeiten, etwas zu lernen und daran zu wachsen. Na gut: *Challenge accepted!*

Einer der größten Denkfehler ist zu glauben, dass es ein „richtiges Leben" geben würde, das wir gehabt hätten, wenn dies oder jenes nicht passiert wäre. Das ist Bockmist! Dein Leben ist genau so, wie es ist, dein richtiges Leben. Mit allen Herausforderungen, Stolpersteinen und Tiefschlägen.

Und warum? Einerseits, damit du Fähigkeiten entwickeln kannst: dich zu streiten, dich durchzusetzen, durchzuhalten, Nein zu sagen, wenn es sein muss. Und andererseits, damit du die guten Momente deines Lebens erkennst und zu schätzen weißt.

Manchmal kostet es eben Zeit, Geld, Nerven, wenn Dinge anders kommen, als man sie erwartet oder sich gewünscht hat.

Du bist kein Opfer deiner Entscheidungen oder der Entscheidungen anderer: Du hast nur deine Prioritäten so gesetzt, dass jetzt dabei Dinge herauskommen, die dir vielleicht nicht immer gefallen. Und womöglich bist du in so einer Art „Schonhaltung" – nach dem Motto „Das ist zwar nicht so toll, wie es jetzt ist, aber immer noch besser als gar nichts. Ich kann das nicht verändern, sonst wird es nur noch schlimmer." Und vielleicht wird es das tatsächlich – am Anfang.

Träumen wir nicht alle von einem „schmerzfreien" Leben? Ein Leben mit Gelinggarantie wie bei einer Backmischung ... Aber das wäre doch langweilig und ergäbe überhaupt keinen Sinn:

- Wo wäre das Abenteuer, wenn du immer schon vorher wüsstest, was passiert?
- Wo wäre der Lerneffekt, wenn du nie Fehler machen würdest?
- Wo wäre die Freude über einen Triumph, wenn sowieso immer alles klappen würde?

Was immer in deiner Vergangenheit anders war, als du es dir gewünscht hättest – wenn es vielleicht sogar ganz furchtbar war: Mach einen Haken dahinter und sage dir: „Ich habe es überstanden. Das zählt!“

Was immer in deiner Vergangenheit anders war, als du es dir gewünscht hättest: Mach einen Haken dahinter.

Sei nicht das Opfer deiner Vergangenheit und weise beständig darauf hin, wie schlecht sie war und warum du heute bestimmte Dinge nicht bist oder kannst, weil deine Vergangenheit so war, wie sie eben war. Es war so. Und es ist vorbei. Vergib, lass los, sei frei und schau nach vorn!

Keine Reue und kein Bedauern der Welt verändert deine Vergangenheit. Keine Klage verändert deine Gegenwart. Also kannst du es auch lassen.

Frage dich, was jetzt – genau jetzt – möglich ist, und dann rede darüber, denke darüber nach, freu dich darauf, geh das an. Mach dich nicht zum Opfer deiner Situation, sondern übernimm Verantwortung für deine Entscheidungen und deine Prioritäten.

Erkenne an, wenn du Entscheidungen getroffen hast, die im Nachhinein nicht so glorreich waren oder wenn deine Prioritäten nicht dorthin geführt haben, wo du es erwartet hast, und besitze die Größe, dazu zu stehen und es in Zukunft besser oder doch wenigstens ein wenig anders zu machen. Mit jedem Jammern und jeder Klage bestellst du dir nämlich nur weiteren Ärger ins Haus. Jedes Mal, wenn du irgendwo eine Version von „Ich Arme“ zum Besten gibst, bekommst du mehr davon!

Heißt im Klartext: Beschwere dich nicht mehr über das, was nicht ist oder was dir jetzt nicht gefällt, sondern schau auf das, was gut ist. Selbst falls das aktuell gar nicht so sehr viel wäre. Es ist ein Anfang. Königinnen mögen Krisen haben – aber sie jammern nicht. Sie tun, was möglich ist, und wachsen. Aufstehen, Krone richten, weitergehen.

2. Hör auf, alles machen und jedem helfen zu müssen

Eine Königin gibt anderen die Möglichkeit, autark und erfolgreich zu sein, ohne deren Angelegenheiten auf ihre eigene To-do-Liste zu setzen. Sie ist nicht ständig dabei, sich für andere abzurackern und aufzuopfern, um hilfreich und nett zu sein: Sie muss niemanden „reparieren“ oder deren Probleme lösen, weil ihre eigene Zeit, Energie und Gesundheit wertvoll sind.

Eine Königin ist kein seelischer Mülleimer und sie hat garantiert keinen Helferkomplex: Sie weiß, dass sie eine wertvolle Freundin, Kollegin, Mutter und Partnerin ist, auch und gerade, indem sie anderen zutraut, Probleme zu lösen und Verantwortung für sich zu übernehmen. Und eine Königin macht außerdem nicht alles selbst.

> Eine Königin gibt anderen die Möglichkeit, autark und erfolgreich zu sein, und ist nicht ständig dabei, sich für andere aufzuopfern, um hilfreich und nett zu sein.

Zur Sache, Schätzchen: Wie oft packst du deine Liste voll mit Dingen, die du erledigen willst, und bist dann noch für andere da – und hast kaum noch Zeit für deinen eigenen Spaß? Und dann stellst du am Ende fest, dass es dir nicht mal gedankt wird? Sei dir sicher, du kannst viel, viel ... weniger tun! Du wirst erstaunt sein, wie viele positive Effekte es hat, wenn du dein Umfeld einfach nur öfter mal positiv motivierst, dich um deinen eigenen Kram kümmerst und selbst um Unterstützung bittest, anstatt zu „helfen“.

Und glaube mir, ich weiß, wovon ich rede: Ich wollte immer die sein, die hilfsbereit und klug ist. Und die, die alles kann und alles schafft (und alles weiß, vor allem besser!). Und am besten nicht nur für mich, sondern auch für alle um mich herum. Ich habe mich sicher darin gefühlt, zu „machen“ und zu „helfen“, weil es mir wahrscheinlich auch ein Gefühl von Kontrolle gegeben hat. Und ich merkte gar nicht, wie sehr ich meinen Mitmenschen (auch meinen allerliebsten) damit auf die Nerven ging und sie in die Defensive zwang.

Ich merkte auch lange nicht, wie viel Arbeit und Verantwortung ich mir aufhalste, bis ich irgendwann gar nicht mehr konnte. Im Abschnitt über die Hingabe konntest du bereits einiges darüber lesen. Doch wenn du dich bisher auch schwer damit getan hast, loszulassen, um Unterstützung zu bitten und einfach mal andere machen zu lassen oder etwas anzunehmen, kommt hier das beste Argument für dich, es künftig zu tun:

Wenn du Gelegenheiten bekommst, deine Liebe und Wertschätzung durch einen Gefallen oder eine hilfreiche Tat für jemanden zu zeigen, dann spürst *du* Liebe und Wertschätzung. Du fühlst dich gut, weil du helfen kannst. Dies ist ein so selbstverständlicher Automatismus in unserem Gefühlsleben, dass er sogar mit Fremden hervorragend funktioniert. Es ist der sogenannte „Franklin-Effekt" (benannt nach Benjamin Franklin, der diese Beobachtung als Erster so formulierte):

Er zeigt, dass wir Menschen mögen, wenn wir etwas für sie tun können. Das hat damit zu tun, dass jeder Mensch sich gerne als jemand sieht, der von anderen gebraucht wird oder der nützlich und hilfsbereit ist – und man mag die Person, die einem eine Gelegenheit bietet, so zu sein. Mit anderen Worten: Die meisten Menschen möchten gerne etwas für andere tun können, um sich gut zu fühlen.

Die meisten Menschen möchten gerne etwas für andere tun können, um sich gut zu fühlen.

Dafür allerdings ist es unabdingbar notwendig, dass diese andere Person einen das machen lässt und es *annehmen kann.* Nimmt der eine nicht, kann der andere nicht geben. Wenn der eine immer alles macht und sich um alles selbst kümmert, kann der andere nur wie ein Depp danebenstehen und wird irgendwann resignieren.

Wenn du dich also bisher vielleicht schwer damit getan hast, anzunehmen oder um Unterstützung zu bitten; wenn bisher immer du diejenige warst, die lieber etwas für andere getan hat und selbst nichts haben wollte, dann mach dir klar, dass du damit deinen Mitmenschen die Möglichkeit genommen hast, sich gut zu fühlen.

Ganz schön gemein von dir, findest du nicht? Das gilt insbesondere für den Umgang mit Männern: Viele meiner Klientinnen im Coaching sind sogenannte „starke Frauen“. Frauen, die beruflich erfolgreich sind und im Leben stehen. Sie wissen im Grunde, was sie wollen, und sind pragmatisch, zielorientiert und selbstbewusst. Sie behaupten, die Männer hätten Angst vor ihnen, sie seien „zu viel“ für sie, und deshalb würden die Männer regelmäßig die Flucht ergreifen.

Ich kann dir aus eigener Erfahrung sagen: Ich war genauso. Und ich habe dazugelernt. Es geht nicht darum, dass der Mann sich vor dir fürchtet, weil du „so stark“ bist. Es geht darum, dass der Mann sich wie ein Depp fühlt, wenn du ihm sämtliche Zügel aus der Hand nimmst, alles selber machen und alles kontrollieren willst. Du „stehst deinen Mann“, und er hat keinen Ort mehr, wo er stehen kann. Wer würde sich da gut fühlen?

Lehn dich zurück, Hoheit! Entspann dich und lass andere auch mal machen. Vielleicht wird es nicht so werden, wie du es gemacht hättest ... aber vielleicht wird es sogar noch besser? Dich um alles zu kümmern, dich aufzuopfern und für jeden alles zu machen, ist auf jede Art unnütz: Es sorgt dafür, dass du dich selbst systematisch ausbeutest, deine Kraft verschwendest und noch nicht einmal etwas wirklich Gutes damit bewirkst. Also hör auf damit!

Entspann dich und lass andere auch mal machen.

Wandle deine Art zu helfen: Viel mehr als alles für andere zu tun – und sie damit zu bevormunden – kannst du helfen, indem du ein gutes Vorbild bist. Wenn du das „Aufopfern“ von deiner Mutter gelernt hast, was bringst du deinen Kindern (falls du welche hast) dann gerade bei? Wie willst du deine Eltern motivieren, besser für sich zu sorgen, wenn du selbst dich ständig kaputt machst? Wie willst du deine Freunde unterstützen, ein gutes Leben zu haben, wenn du zwar Ratschläge verteilst, aber selbst nicht danach lebst oder glücklich wirst damit?

Mach dein Leben schön. Mach es so schön, dass andere zu dir kommen und dich fragen: „Wie hast du das gemacht?“ Dann kannst du es ihnen erzählen, und sie werden dir gerne zuhören.

Und bis dahin: Anstatt anderen deine Hilfe aufzudrängen und sie damit in die Rolle der „Unfähigen“ oder „Bedürftigen“ zu drängen, motiviere sie lieber und glaube an sie. Gerade im Umgang mit Männern (und Kindern!) ist ein „Du schaffst das!“ auf lange Sicht oft sehr viel hilfreicher als ein „Ich mach das für dich!“

3. Hör auf zu kritisieren

Stoppe deine Kritik – vor allem an dir selbst! Auch eine königliche Hoheit ist nicht makellos, macht mal einen Fehler oder sagt etwas Dummes im falschen Moment. Na und? Erlaube dir, dass diese Dinge dich menschlich machen und zu dir gehören – gib dir in diesen Momenten selbst Mitgefühl und Güte und dann lass sie einfach los.

Ich habe festgestellt, dass wir andere meist in dem Maße kritisieren, wie wir uns selbst kritisieren: Je unzufriedener jemand mit sich selbst ist, umso mehr mäkelt er auch an anderen herum. Das ist in etwa so wie „Wenn ich mir schon nicht gut genug bin, dann zieh ich euch wenigstens auch noch zu mir runter.“

Ich merke an mir: Immer wenn ich genervt bin, geht mir auch mein Mann auf die Nerven. Aber wenn ich gestresst bin, dann ändert sich das nicht, indem ich mir selber und dann anderen schlechte Gefühle bereite, sondern indem ich genau das Gegenteil tue: anstatt mich selbst (und dann andere) zu kritisieren oder anzutreiben, einfach mal „Stopp“ zu sagen und mich zu fragen: Warum genau mache ich das da gerade, was ich mache? Was habe ich vor? Warum bin ich so verbissen? (Denn sind wir ehrlich: Wenn du einen Grund findest, dich oder andere zu kritisieren, bist du meistens verbissen.)

Stoppe deine Kritik – vor allem an dir selbst!

Wir Frauen sind die Weltmeisterinnen der Selbstkritik. Egal wie großartig wir sind – wir können immer etwas finden, mit dem wir nicht zufrieden sind.

Ist das nicht total absurd? Dabei könnte unser Leben so schön sein! Doch wir finden regelmäßig etwas, mit dem wir unzufrieden sein können. Und wenn wir dann doch mal nichts finden: Zum Glück gibt es Cellulitis, oder?

Die Angst, nicht gut genug zu sein, schwebt wie ein Damoklesschwert latent über unseren Köpfen. Die unbewusst erwählten Heilmittel dagegen sind Perfektion, Fleiß oder die oben erwähnte Hilfsbereitschaft. Und so sind wir fleißig, hilfsbereit und perfektionistisch bis zum (Z)Erbrechen. Und weil das nie genügt, kritisieren wir.

Es gibt einen Grund dafür, dass so viele Frauen anderen Frauen gegenüber missgünstig sind und dass Frauen einander oft nicht fördern. Es ist kein „schlechter Charakter", es ist die Angst, selbst nicht gut genug zu sein und damit das Bedürfnis, besser sein zu müssen als andere, das dafür sorgt, dass wir neidisch, missgünstig, eifersüchtig sind und in Summe einander nicht fördern, aufbauen und hochziehen.

> Obwohl Frauen immer nachgesagt wird, sie seien „sozial kompetenter", sind Männer traurigerweise meist bessere Teamplayer als Frauen.

Tatsächlich ist es das, was Männer uns voraushaben: Männer fördern einander nachweislich eher. Obwohl uns Frauen immer nachgesagt wird, wir seien „sozial kompetenter", sind Männer meist bessere Teamplayer als wir Frauen. Das ist doch traurig. Aber zum Glück ist es keine Pflicht – du kannst es ändern.

Schritt 1: Vergebung, Vergebung, Vergebung! Ich werde dir das bis zum Umfallen predigen, denn es ist wirklich die Nummer-eins-Methode, deine Energie freizusetzen und dich selbst zu befreien. Vergib dir für jede Kritik, die du je an dir geübt hast, und vergib jedem, der dich dazu „inspiriert" hat.

Schritt 2: Betreibe „Kritik-Fasten": Entscheide dich dafür, dich und andere für einen gewissen Zeitraum einfach nicht mehr zu kritisieren.

Und wenn du es versehentlich doch mal tust: siehe Schritt 1. Ja, vielleicht hast du zugenommen – und? Wenn du dich jetzt kritisierst, wirst du davon auch nicht wieder schlanker. Nein, dann bist du dick und hast auch noch schlechte Laune. Na, herzlichen Glückwunsch!

Hör auf damit. Und fang an, netter zu dir zu sein: Kritik ist nur erlaubt, wenn sie konstruktiv ist. Beginne mit einem Tag. Dann einem weiteren. Schau, ob du es eine ganze Woche schaffen kannst. Dann zwei. Es hat dich noch nie besser, glücklicher oder attraktiver gemacht, dich zu kritisieren – also kannst du es auch genauso gut lassen.

Schritt 3: Beginne, anderen Frauen Komplimente zu machen! Vielleicht kostet es anfangs Überwindung, und wie erstaunt wirst du sein, wenn du damit begonnen hast und die unglaubliche Wirkung spürst, die es hat, wenn du anderen Frauen Anerkennung schenkst. Fremden Frauen! Natürlich kannst du auch deinen Freundinnen und Kolleginnen Komplimente machen und Anerkennung geben – und vielleicht machst du das ja längst. Aber ich spreche von fremden Frauen auf der Straße, im Supermarkt oder im Café.

Du kannst in den sozialen Netzwerken beginnen, wenn dir das leichter fällt: Schreibe unter Fotos nette Kommentare wie „Das ist ein wunderschönes Kleid“ oder „Du hast so ein großartiges Lächeln“ oder „Das ist ein toller Beitrag“. Und dann trau dich, genau das auch im echten Leben zu tun: Sag einer Frau, dass dir ihr Look gefällt, dass sie tolles Haar hat, dass ihr das Kleid unglaublich gut steht. Sag der Kassiererin im Supermarkt, dass du ihre Geduld bewunderst. Sag der Frau in der Konditorei, dass du ihren Kuchen liebst.

Beginne, anderen Frauen Komplimente zu machen!

Schritt 4: Mach dir selbst Komplimente – und vielleicht ist das anfangs auch gewöhnungsbedürftig. Du schaffst das, ich glaube an dich! Ich bin sicher, du wirst jeden Tag etwas finden, das du an dir gut finden kannst. Ich habe mir neulich ein paar sehr schöne Schuhe gekauft – und es ist tatsächlich sehr leicht, in diese Schuhe zu schlüpfen und mir selbst zu sagen: „Schöne Schuhe hast du dir da ausgesucht!“

Ich kann mir jeden Abend überlegen, womit ich an diesem Tag zufrieden war. Irgendwas habe ich immer gut gemacht. Oft kritisieren wir uns selbst, weil wir nichts Besseres gelernt haben. Diese vier Schritte – das verspreche ich dir – sind etwas Besseres. Und es gibt keinen Grund, nicht jetzt sofort damit anzufangen.

4. Hör auf, jemand anderes sein zu wollen

Wenn du dich fühlst wie eine Königin, wie könntest du je jemand anderes sein wollen? Oder anderes herum gesagt: Wie könntest du dich wie eine Königin fühlen, wenn du eigentlich jemand anderes sein willst?

Eine Königin zu sein bedeutet, deine Macht zu besitzen. Deine. Nicht die von jemand anderem: Es bedeutet, aus deinen Talenten und Ressourcen das Beste zu machen und sie zu genießen und auszuleben. Und nicht, nach anderen zu schielen, die etwas anderes haben, können oder sind als du.

> Wenn du dich fühlst wie eine Königin, wie könntest du je jemand anderes sein wollen?

Viele Frauen leiden entweder darunter, dass sie so „anders" sind als alle anderen, oder sie leiden darunter, dass sie „nichts Besonderes" sind. Jaja, wir finden wirklich immer etwas zu meckern ... Ich weiß noch, als ich jünger war, fragte ich mich oft, ob ich nach der Geburt verwechselt worden sein könnte. Das Gefühl, lieber jemand anderes sein zu wollen, hielt auch über die Pubertät hinaus an. Bis ich irgendwann begriff, dass es genau das war, was mich daran hinderte, wirklich glücklich zu sein und „mein Ding" zu machen. Denn wie kann man „sein Ding" machen, wenn man gar nicht man selbst sein möchte?

Ich war, wie ich war. Ich bin, wie ich bin. Und abgesehen davon, dass ich eine ziemliche Nervensäge sein kann, bin ich gar nicht so übel. Wie wäre es, wenn du das ab heute auch anfängst über dich zu sagen? Selbstliebe muss nicht immer mit spirituellen Ritualen, Herzchen, Feenstaub und blumigen Mantras zelebriert werden, manchmal ist es viel wirksamer und sinnvoller, ganz unprätentiös und hemdsärmelig zu beginnen. Einfach in den Spiegel zu schauen und sich zu sagen: „Hey, du kannst zwar manchmal ganz schön doof sein, aber im Großen und Ganzen bist du doch ziemlich okay!"

Findest du das schwierig? Selbstablehnung ist ein großes Thema – nicht nur bei Frauen übrigens –, aber auch ein derart absurdes! Warum in Gottes Namen solltest du dich selbst ablehnen, wo du selbst doch alles bist, was du hast?

Du hast für keinen deiner Freunde so strenge Regeln, um von dir akzeptiert zu werden, wie für dich selbst. Findest du das nicht irgendwie seltsam?

Glaubst du wirklich, du kannst die Welt zu einem besseren Ort machen, wenn du dich selbst nicht leiden kannst? Glaubst du, du wirst einen anderen Menschen dauerhaft dazu bringen können, dich zu mögen, wenn du dich selbst dazu überwinden musst? Und glaubst du, du könntest auf Dauer einen Menschen ernst nehmen und respektieren, der dich mag, wenn dich zu mögen in deiner Welt sogar für dich selbst schwer ist?

Glaubst du wirklich, du kannst die Welt zu einem besseren Ort machen, wenn du dich selbst nicht leiden kannst?

In einigen Coachings habe ich meinen Klientinnen eine Lösung per OP vorgeschlagen: In unserem Gehirn gibt es vorne links am sogenannten Stirnlappen einen kleinen Abschnitt, in dem die Informationen gespeichert sind, die bestimmen, für wen du dich hältst. Würde man diesen kleinen Teil entfernen, wären alle Ideen davon, wer du bist und warum du dich nicht leiden kannst, gelöscht. Du hättest keine Ahnung mehr, wer du bist, und würdest zwar quasi „persönlichkeitslos", aber auch „selbstablehnungsfrei" durch die Welt gehen. Es erschreckt mich immer, wenn Leute das gut finden, denn es geht auch ohne das und noch viel besser:

Alles, wofür du dich hältst, und auch, ob das gut ist oder nicht, hast du im Laufe deines Lebens gelernt. Das meiste davon ist nicht auf deinem eigenen Mist gewachsen: Andere haben es dir beigebracht. Und irgendwann hast du entschieden, es zu glauben. Du hast beschlossen, dass du nicht gut bist, wie du bist, oder dass du lieber jemand anderes wärst. Lass dir sagen: Das ist ganz schön billig! Willst du wirklich so leben?

Du bist hier – und du hast eine Aufgabe. Diese Aufgabe ist, *du* zu sein. Und seit Jahren weigerst du dich, endlich deinen Arsch hochzukriegen, indem du rumjammerst, dass du nicht richtig bist, wie du bist. Oder dass du zu anders bist oder dass irgendjemand dich vielleicht nicht mag. Dein Ernst?

Du bist hier – und du hast eine Aufgabe. Und diese Aufgabe ist, *du* zu sein.

Falls es deine Familie war, die dir vermittelt hat, dass du nicht „richtig" bist, wie du bist oder dass du das „schwarze Schaf" bist: Ist dir schon mal eingefallen, dass das Universum dich vielleicht genau deshalb so gemacht und dort platziert hat, damit du diesen komischen Haufen mal ein bisschen aufmischst? Damit sie etwas lernen können von dir? Sie wollen vielleicht nur einfach die Lektion nicht kapieren und haben stattdessen versucht, dich dem Blödsinn anzupassen, den sie da ständig machen. Falls deine Familie nicht mit dir zurechtkommen will, heißt das noch lange nicht, dass mit dir etwas nicht stimmt.

Und was machen wir jetzt? Vielleicht errätst du es schon – aber auch hier ist …

Schritt 1: Vergebung, Vergebung, Vergebung! Vergib deiner Familie, falls sie nicht so ist, wie du sie gerne hättest. Vergib dir selbst, falls du nicht so bist, wie sie dich gerne hätten. Vergib ihnen, dass sie ihre Liebe oft auf so ungeschickte Art zeigen. Vergib ihnen, dass sie so lernresistent sind. Vergib dir, dass du es bisher auch warst. Vergib jedem, der dir weisgemacht hat, dass du anders sein solltest.

Schritt 2: Streiche das „zu". Die meisten Frauen, die ich kenne, leiden darunter, dass sie „zu …" sind: zu dick, zu klein, zu alt, zu dünn, zu anspruchsvoll, zu ängstlich, zu unerfahren, zu beschäftigt, und es ist ihnen zu schwierig, zu aufwendig, es dauert zu lang, es ist zu spät und überhaupt ist alles „zu …".

Das „Zu“ ist das Todesurteil für jede Möglichkeit. Ein „Zu“ macht im wahrsten Sinne des Wortes auch zu. Wenn du „zu“ bist, kannst du nichts tun. Was wäre, wenn du einfach nur bist, was du bist? Wenn du nicht zu dick bist – sondern eben dick. Du bist nicht zu klein – du bist klein. Du bist nicht zu alt – du bist alt ... und in Wahrheit bist du nicht alt. Es sei denn, du bist über 90 – dann bist du alt.

Streiche dieses dämliche „zu“ und fang an, das zu sein, was du bist! Ich habe diese Geschichte bestimmt schon einmal erzählt – aber sie gehört genau hierher, also erzähle ich sie gerne noch mal.

Fang an, das zu sein, was du bist!

Der Schokoladenkuchen

Stell dir vor, du bist ein Schokoladenkuchen. Da stehst du nun auf dem Buffet, und um dich herum stehen viele andere Kuchen: Erdbeerkuchen, Linzer Torte, vielleicht auch Frankfurter Kranz und einiges andere. Menschen kommen ans Kuchenbuffet und schauen, was es gibt. Der Erste nimmt sich Erdbeerkuchen. Der Zweite nimmt sich Erdbeerkuchen. Der Dritte nimmt sich Linzer Torte. Der Vierte nimmt sich Streuselkuchen. Der Fünfte schaut und nimmt sich ... schon wieder: Erdbeerkuchen. Und da geht sogar einer an den Frankfurter Kranz! Keiner hat Schokoladenkuchen genommen.

Du wirst traurig. Du bist enttäuscht. Du fragst dich, was nicht stimmt mit dir. Du überlegst, ob du vielleicht ein paar Erdbeeren brauchst, damit man dich gut findet, oder ob du zu schwer bist oder zu dunkel. Was ist mit dir? Du fragst dich, ob es vielleicht heute einfach keine Fans mehr von Schokoladenkuchen gibt. Du findest die Buffetgäste alle blöd und fängst an, die anderen Kuchen zu beneiden. Und gerade, bevor du so richtig schlechte Laune bekommst, kommt einer, schaut über das Buffet und sagt: „Oh, Schokoladenkuchen! Mein Lieblingskuchen!“, er freut sich und genießt.

Was ist passiert? Warst du vielleicht vorher nicht in Ordnung? Warst du vorher nicht genießbar? Hat irgendwas mit dir nicht gestimmt? Ach was: Die anderen vorher mochten einfach lieber andere Kuchen – zum

Beispiel Erdbeerkuchen. Viele Leute mögen Erdbeerkuchen. Na und? Wer Erdbeerkuchen will, soll Erdbeerkuchen haben.

Wäre doch eintönig, wenn alle immer nur Schokoladenkuchen wollten, oder? Und nebenbei bemerkt: ganz schön stressig für dich! Aber wer Schokoladenkuchen mag, wird sich freuen wie verrückt, wenn er Schokoladenkuchen bekommt!

Und weißt du was? Wenn du Schokoladenkuchen bist, dann sei mit Leib und Seele und aus voller Überzeugung Schokoladenkuchen: dunkel und saftig und lecker, so dass jeder sofort sehen kann: Wow! Das ist aber mal ein richtig schokoladiger Schokoladenkuchen!

Versteck dich nicht und entschuldige dich schon gar nicht dafür, dass du Schokoladenkuchen bist! Sei nicht traurig, weil du keine Erdbeeren hast – du hast Schokolade! Strahle mit deinen eigenen „Zutaten" und der einzigartigen Rezeptur, die du bist! Vielleicht kommt dann sogar auch so mancher Erdbeerkuchenfan auf den Gedanken: „Hm, eigentlich bin ich ja ein Erdbeerkuchentyp, aber dieser Schokoladenkuchen, der sieht ja derartig lecker aus, da bekomm ich richtig Lust!"

> Versteck dich nicht und entschuldige dich schon gar nicht dafür, was und wie du bist.

Und vor allem: Tu nicht, so als wärst du etwas anderes! Tu nicht so, als wärst du ein total unkomplizierter, langweiliger Streuselkuchen! Das ist nicht attraktiv – und deine „Zielgruppe" merkt es früher oder später sowieso, und dann schmeckt es ihnen nicht. Deine Zielgruppe, das sind Leute, die auf dein echtes Selbst stehen. Tu nicht so, als wärst du eine total selbstbewusste Buttercremetorte, wenn drinnen nur ganz zarte Sahne mit ein bisschen Himbeeren steckt … Das sieht doch von außen keiner!

So, bevor ich mich weiter in der Kuchen-Metapher verliere – ich hoffe, du hast es verstanden: Es geht nicht darum, für alle, für jeden oder für die meisten „gut genug" zu sein, sondern für den Menschen, der wirklich zu dir passt. Und dafür solltest du du selbst sein – und zwar mit guter Laune und einem breiten Lächeln. Du bist, wie du bist! Und das ist gut so.

Authentizität leuchtet und ist anziehend. Aufrichtigkeit und Selbstbewusstsein werden immer Respekt und Wertschätzung ernten. Sei, wer du wirklich bist.

5. Hör auf, dich klein zu machen

Eine Königin macht sich nicht selbst klein. Sie zieht sich nicht zurück oder wird vollkommen kopflos, wenn jemand sie kritisiert, wenn ihr jemand gefällt, und sie muss sich auch nicht verstecken oder „klein machen“, um niemanden zu verschrecken. Sie hat keine Angst vor ihrer eigenen Größe.

Während Männer ziemlich gut darin sind, sich eher überzubewerten, sind Frauen häufig Weltmeisterinnen im Tiefstapeln.

Während Männer ziemlich gut darin sind, sich eher überzubewerten, sind Frauen häufig Weltmeisterinnen im Tiefstapeln. Wir sind toll darin, unser Licht unter den Scheffel zu stellen und uns kleiner zu machen, als wir sind ... häufig in der Hoffnung, dass uns jemand widerspricht.

Am schlimmsten allerdings wird das, wenn uns jemand gefällt: Die meisten von uns scheinen nicht gut darin zu sein, einfach entspannt zu bleiben, wenn ihnen jemand gefällt. Dabei denken wir oft noch nicht einmal unbedingt über die Möglichkeit einer Ablehnung nach. Nein, viel schlimmer scheint der Gedanke, der andere könnte merken, dass wir ihn gut finden.

Der Reflex, sich klein zu machen, ist aus den unterschiedlichsten Gründen allgegenwärtig. Ich kenne Frauen, die sich klein machen ...

- um nicht aufzufallen und damit einer Bewertung zu entgehen,
- weil das ihre einzige Idee ist, wie sie ihre „Ruhe haben“ können,
- weil sie gruselige Horrorszenarien im Hinterkopf haben, was passieren könnte, wenn man sie sehen würde,
- weil sie das Gefühl haben, dass sie in ihrer wahren Größe alle Männer verschrecken und keine Freundinnen finden werden,

- weil sie Angst vor dem haben, was passieren könnte, wenn sie sich endlich mal groß machen würden,
- weil sie glauben, dass es besser sei, bescheiden und angepasst zu sein.

Während ich diese Worte schreibe, erinnere ich mich an einen Text, den Marianne Williamson in ihrem Buch „Die Rückkehr zur Liebe“ geschrieben hat. Er ist so eindrücklich, dass Nelson Mandela ihn seinerzeit in seiner Antrittsrede als Präsident von Südafrika zitierte, und ich möchte ihn auch dir mitgeben:

„Unsere tiefste Angst ist nicht, dass wir unzulänglich wären, unsere tiefste Angst ist, dass wir über die Maßen machtvoll sind. Es ist unser Licht, vor dem wir am meisten erschrecken, nicht unsere Dunkelheit. Wir fragen uns: Wer bin ich, dass ich so brillant, großartig, talentiert, fabelhaft sein sollte? Aber wer bist du denn, dass du es nicht sein solltest? Du bist ein Kind Gottes. Dich klein zu halten, dient der Welt nicht.

Wenn wir unser Licht leuchten lassen, geben wir unbewusst anderen Menschen die Erlaubnis, dasselbe zu tun.

Dich klein zu halten, damit die anderen um dich herum sich nicht unsicher fühlen: Das hat nichts mit Erleuchtung zu tun. Wir sind dazu bestimmt zu leuchten wie Kinder. Wir sind geboren, um die Größe Gottes, der in uns lebt, zu verwirklichen. Und diese Größe ist nicht nur in einigen von uns, sie ist in jedem Menschen. Und wenn wir unser Licht leuchten lassen, dann geben wir unbewusst anderen Menschen die Erlaubnis, dasselbe zu tun. Wenn wir selbst frei von Angst sind, dann sind die anderen durch unser Dasein auch frei.“

Dein Leuchten erlaubt anderen Menschen, selbst auch ihre volle Größe, ihr ganzes Licht zu wagen. Du hast ein Recht, hier zu sein und alles zu sein und zu tun, was dir möglich ist. Nimm deinen Platz ein und sei du. Wenn du es mit Liebe und Mitgefühl im Herzen machst, wird es gut werden!

Wenn du dich tatsächlich klein machen müsstest, um von jemandem gemocht zu werden, wie viel wäre diese Zuneigung dann wert?

Viele Frauen haben den Reflex, sich klein zu machen, um einem Mann zu gefallen bzw. ihn „nicht zu verschrecken" – aber überleg doch mal, was die Konsequenzen sind: Wenn du dich bei einem Mann klein machst, um ihn nicht zu verschrecken, dann bedeutet das, dass du ihm unterstellst, gar nicht damit klarzukommen, wie du wirklich bist ... was sollte das bringen?

Willst du mit einem Mann zusammen sein, der dich nicht lieben kann, wenn du „groß" bist? Du musst dich nicht klein machen – es reicht, wenn du einfach aufhörst, „gut genug" sein zu wollen. Denn genau das ist es, was letztlich dazu führt, dass wir uns nicht authentisch zeigen und nicht geliebt werden können, wie wir sind.

6. Hör auf, neidisch, missgünstig oder eifersüchtig zu sein

Eine Königin spricht und denkt nicht schlecht über andere (genauso wenig wie über sich selbst). Sie hat es nicht nötig, sich über andere zu erheben oder anderen ihre Erfolge oder ihr Glück zu neiden oder zu missgönnen. Im Gegenteil!

Denn genau dies ist eine Folge davon, wenn du dich klein machst: Du selbst machst dich klein, traust dir wenig zu, stellst dein Licht unter den Scheffel, wärst gerne jemand anderes, kritisierst dich selbst und beneidest dann die, die das nicht tun oder die „mehr Glück" haben als du.

> Mit Neid, Missgunst oder Eifersucht schadest du dir selbst.

Erinnere dich daran, wie die Welt funktioniert und wo sie tatsächlich ist: in deinem Kopf! Jeder Gedanke von Neid, Missgunst oder Eifersucht findet in deinem Kopf statt und hat eine Emotion zur Folge, die in deinem Körper stattfindet und sich alles andere als gut anfühlt. Mit anderen Worten: Du schadest dir selbst.

Und du erschaffst die Voraussetzungen dafür, dich weiter klein zu halten und auf deine Defizite zu fokussieren. Jedes Mal, wenn du andere beneidest oder missgünstig bist, zeigst du letztlich nur dir selbst, dass du ein kleinlicher, missgünstiger Mensch bist, der kleinliche, missgünstige Gedanken denkt und sich selbst schlechte Gefühle macht, wenn es anderen gut geht.

Und du stärkst damit all deine Glaubenssätze, dass du dies nicht haben wirst oder kannst: Wenn du schlecht über andere denkst oder sprichst, die in Wahrheit etwas haben oder sind, das du selbst gerne hättest oder wärst, verwehrst du dir damit die Chance, jemals dorthinzukommen, denn du willst ja nicht so ein Mensch sein!

Ich erinnere mich, dass ich früher zum Beispiel oft abfällig gedacht oder sogar gesprochen habe über Menschen, die luxuriöse, teure Autos fahren. Bis mir plötzlich klarwurde: Ein luxuriöses Auto ist natürlich auch ein Statussymbol und möglicherweise nicht „nötig" – aber dennoch etwas sehr Schönes, wenn man es sich leisten kann. Indem ich schlecht denke über Menschen, die es sich leisten können, verwehre ich mir die Möglichkeit, so ein Mensch zu werden: ein Mensch, der sich ein teures, luxuriöses Auto leisten kann.

Seitdem projiziere ich nicht sofort ein „Der/die hat es wohl nötig" oder „Wie protzig" auf jeden Luxuskarossenfahrer, sondern ich bewundere schöne Autos und gönne sie den Menschen, die sie fahren. Ich frage mich, wie wohl das Fahrgefühl ist, und wenn es sich ergibt, suche ich das Gespräch und drücke meinen Respekt oder sogar Begeisterung aus. Das fühlt sich tatsächlich viel besser an!

Der beste Weg, dem Leben die Möglichkeit zu geben, dir alles zu geben, ist, anderen alles zu gönnen! Als Königin kannst du dich freuen für jeden, der Glück hatte, für jeden, der etwas geschafft hat, und jeden, der etwas hat, kann oder ist, das du auch gerne hättest, könntest oder wärst. Und genau das ist auch der Weg, genau dem näherzukommen oder aber deinen Frieden damit zu machen, dass du es vielleicht nicht haben, können oder sein wirst.

Auch aus mir wird vermutlich keine Hochseilartistin mehr – und doch bin ich voller Bewunderung für die Geschicklichkeit, Gelenkigkeit, Präzision und Kraft von Artistinnen. Ich würde keinen Deut gelenkiger, wenn ich neidisch wäre. Ich würde mich nur selbst herabwürdigen und damit schlecht fühlen. Warum sollte ich das tun?

7. Hör auf, dich zu rechtfertigen

Du hast einen Fehler gemacht? Hör auf, dich zu rechtfertigen. Du hast keinen Fehler gemacht – aber jemand anderes kritisiert dich oder greift dich an? Hör auf, dich zu rechtfertigen!

Du hast einen Fehler gemacht? Hör auf, dich zu rechtfertigen.

Königinnen sind mitfühlend und gnädig – selbst zu „Hatern", Neidern und Miesmachern: Solche Leute werden immer starke, große, erfolgreiche, zuversichtliche und selbstbewusste Menschen um sich herum angreifen, weil sie in Wahrheit selbst zu ängstlich sind, sie selbst zu sein und das Leben zu genießen. Es wurmt sie, wenn jemand einfach tut, was ihm gefällt, und dann auch noch glücklich ist damit. Hör nicht hin – und hör nicht auf, du selbst zu sein.

Am allerwenigsten solltest du dich rechtfertigen für das, was du tust, bist oder eben nicht bist. Rechtfertige dich auch niemals, wenn irgendetwas nicht geklappt hat, denn damit machst du dich zum Opfer: Es ist vollkommen normal, dass nicht immer alles glatt läuft oder Fehler passieren, selbst wenn du dein Bestes gibst, und es ist auch normal, nicht jeden Tag seinen besten Tag zu haben. Das geht selbst Königinnen so. *Shit happens!* Rechtfertige dich nicht – sondern steh dazu, entschuldige dich kurz für den „Schaden" und dann frage, wie du es wieder gutmachen kannst. Fertig.

Oft rechtfertigen wir uns, weil wir wollen, dass der andere uns versteht. Doch im Grunde bedeutet Rechtfertigung, dass wir recht haben oder im Recht sein wollen. Und in den allerseltensten Fällen klappt das oder ist es das wert.

Du musst dich selbst nicht erklären und du musst deine Entscheidungen nicht verteidigen. Schon gar nicht vor Menschen, die sich für einen anderen Weg entschieden haben als deinen. Es ist *dein* Weg und *du* gehst ihn, und deshalb musst du dich mit niemandem vergleichen und dich vor niemandem rechtfertigen.

Erwarte kein Verständnis von anderen – sie haben einen anderen Weg und müssen (oder können) deinen gar nicht verstehen. Deshalb musst du dich nie erklären, um verstanden zu werden. Nicke, lächle, bedanke dich für die Meinung, segne diesen Menschen und mach dein Ding. Das ist keine Resignation und kein Zeichen von Schwäche, sondern kommt aus der Erkenntnis, dass Neider, Zweifler und Kritiker keine Macht über dich haben, wenn du sie „segnest“, anstatt sie zu bekämpfen.

Du musst dich selbst nicht erklären und du musst deine Entscheidungen nicht verteidigen.

Bärbel Mohr beschrieb in ihrem Büchlein „Bestellungen beim Universum“ die Geschichte ihrer Tante, die negativen oder unangenehmen Menschen einfach ein inneres „Friede sei mit dir!“ entgegenbrachte. Ich habe das schon häufig selbst angewendet und bin immer wieder überrascht über die Wirkung: Auch wenn ein „Friede sei mit dir“ nicht immer die äußere Situation beeinflusst, so macht es doch ganz viel mit mir: Es erinnert mich daran, wo ich bin – mental und geistig. Ich lasse mich nicht in die zerstörerische Welt der anderen Person hinabziehen, sondern bleibe im Frieden und wünsche ebendiesen der armen Seele, die ihre innere Unzufriedenheit nicht anders auszudrücken vermag als in dem Versuch, anderen den Tag zu versauen.

Verschwende keine Energie an Rechtfertigung oder „Gegen-Belehrung“: Lass dich nicht aus der Ruhe bringen von den schlechten Gedanken oder den armseligen Kompromittierungsversuchen unglücklicher oder toxischer Menschen. Verabschiede dich davon, verstanden werden zu wollen, und konzentriere dich auf das, was sich *für dich* gut und richtig anfühlt.

Ein hilfreicher Gedanke für mich war immer: Niemand muss mich verstehen oder denken wie ich. Jeder soll das tun, was er für sich für richtig hält, und nur ich kann herausfinden, was für mich richtig ist. Schließlich muss ich ja dann auch damit leben. Lächle, denn du hast es gut: Du weißt, was sich für dich gut anfühlt und dass es für dich das Richtige ist. Wenn andere das nicht verstehen oder anders sehen, ist das okay: Wer eine Meinung hat, darf sie behalten.

Ein hilfreicher Gedanke ist: Niemand muss mich verstehen oder denken wie ich.

8. Hör auf, alles kontrollieren zu wollen

Wenn man es richtig gemacht haben will, muss man es selber machen – das war lange Zeit so eine Art Lebensmotto von mir. Nein, das ist doch keine Kontrollsucht, also bitte!

Tatsächlich bin ich damit offenbar alles andere als alleine: Kontrollsucht zeigt sich in den verschiedensten Formen: in der Bestrebung, alles selbst zu machen. Im Eindruck, dass es keiner so machen wird, wie man es haben will. Zum Beispiel auch im Vermeiden von Blickkontakt zu attraktiven Männern.

Viele Frauen in meinem „Komm in Kontakt"-Seminar schauen reflexartig weg, wenn ihnen ein Mann gefällt. Und manche davon nie wieder hin. Du weißt schon ... er könnte ja etwas denken. Aber mal ehrlich: Was könnte denn passieren? An sich ist es doch sehr wünschenswert, Blickkontakt mit einem attraktiven Mann zu haben. Doch fast immer ist es eine Mischung aus Scham und Überforderung: eine Art von „Kontrollverlust" über die eigene Contenance, die uns Angst macht. Und ich werde nicht müde, dir das zu sagen: Kontrolle ist ohnehin eine Illusion, und Kontrollverlust kann ganz wunderbar sein – beim Sex zum Beispiel.

Eine Königin kontrolliert nicht – sie regiert: Stell dir vor, die Königin würde nach wie vor alles selbst machen, damit es auch genau so gemacht wird, wie sie es machen würde ... wie anstrengend. Und wie unköniglich!

Mir ist irgendwann aufgefallen, dass es sicher einiges gibt, das ich gut kann. Aber es gibt auch einiges, das ich bisher selbst machte, obwohl ich es nur leidlich gut beherrsche. Da ist es doch völlig okay, das jemandem zu überlassen. Sogar jemand anderem, der es vielleicht sogar auch nicht besser kann, aber wenigstens lieber macht als ich. Und ich habe auch bemerkt, dass ich nicht alles wissen muss. Und auch gar nicht will.

Eine Königin kontrolliert nicht – sie regiert.

Wenn du oft das Gefühl hast, dass du nur schwer etwas aus der Hand geben kannst, oder das Gefühl brauchst, über alles Bescheid zu wissen, entspann dich und verhalte dich königlich – es wird dein Leben so viel besser machen. Der Wunsch nach Kontrolle entspringt einem Wunsch nach Sicherheit. Doch Sicherheit ist ein Gefühl, es kommt von innen.

Du kannst davon ausgehen, dass jeder um dich herum immer das tut, was ihm in seiner Lage und aus seiner Sicht richtig und möglich erscheint. Sag entschieden Nein, wenn etwas für dich nicht akzeptabel ist, und ansonsten lass dem Leben die Freiheit, sich zu entfalten: Tu, was notwendig ist und was du liebst, sonst nichts. Hingabe, weißt du noch?

Vielleicht vergisst du das manchmal, deshalb möchte ich dich daran erinnern: Die Welt dreht sich tatsächlich von alleine – auch ohne dass du dich persönlich darum kümmerst.

Königinnen werden geliebt dafür, wer sie sind, nicht dafür, was sie alles tun und machen.

Du bist hier, um hier zu sein als wundervoller Teil dieser Welt, nicht um sicherzustellen, dass alle alles richtig machen, oder um anderen die Verantwortung für sich selbst abzunehmen. Du musst nicht alle Details von allem kennen. Traue anderen zu, dass sie es auf ihre Art machen. Lass öfter mal fünfe gerade sein, indem du dich fragst: „Ist es wirklich wichtig, dass es genau so gemacht wird, wie ich es tun oder wollen würde?“ Und dann denk kurz darüber nach, wie viel mehr Zeit und Freiheit (und Freizeit) du haben wirst, wenn du weniger kontrollierst und stattdessen mehr vertraust und weniger perfektionistisch bist.

Du brauchst auch deinen Partner nicht zu kontrollieren – zum Beispiel, ob er dir treu ist: Entweder er ist es oder er ist es nicht. Wenn er es nicht ist, wird er sich nicht ändern, wenn du ihn kontrollierst – er wird nur vorsichtiger. Wenn er es ist, wirst du durch deine Kontrollsucht bei ihm negative Emotionen auslösen: Wenn er treu ist, hat er es nicht verdient, dass du ihm misstraust. Tust du es dennoch, fühlt er sich schlecht. Du sorgst also dafür, dass er sich schlecht fühlt, wenn er mit dir zusammen ist. Ich halte das für keine gute Idee, denn da draußen gibt es eine Menge Frauen, die ihm keine schlechten Gefühle bereiten.

Du brauchst deinen Partner nicht zu kontrollieren – entweder ist er treu oder er ist es nicht.

9. Hör auf zu kämpfen

Königinnen kämpfen nicht um Anerkennung oder Liebe. Sie sehen auch ihr Leben nicht als Kampf: Sie sehen Herausforderungen, stellen sich ihnen und wachsen daran.

Versuche nie, es zu verdienen, dass jemand seine Zeit mit dir verbringen und dir seine Aufmerksamkeit schenken möchte, und drücke dich niemals davor, Entscheidungen zu treffen, auch wenn sie im ersten Moment unbequem oder schmerzhaft erscheinen.

Ich kann kaum absehen, wie viel wertvolle Lebenszeit ich selbst vergeudet habe, bevor ich das endlich verstanden hatte, und vielleicht brauchst du jemanden, der es dir auch nochmals ganz, ganz deutlich sagt: Wenn du um jemanden kämpfen musst, ist die ganze Nummer von vorneherein zum Scheitern verurteilt. Egal, ob es sich um eine Freundschaft, eine Partnerschaft oder einen Job handelt: Setz dich ein, ja. Zeig wer du bist, na klar. Aber kämpfe nicht. Entweder es passt und man versteht sich, oder nicht.

Um jemanden zu kämpfen, der dich liebt – das ist möglichweise eine gute Sache. Aber darum zu kämpfen, *dass* jemand dich liebt: das ist Schwachsinn! Mach niemanden zu deiner Priorität, dessen Priorität du nicht bist! Das ist Verschwendung von Zeit und Ressourcen, die du viel besser für anderes einsetzen kannst: Da draußen gibt es Milliarden von Menschen und Billionen von Möglichkeiten für dich. Hör auf, dich an einen einzigen Menschen oder eine einzige Möglichkeit zu klammern und daran zu verzweifeln.

> Mach niemanden zu deiner Priorität, dessen Priorität du nicht bist.

Steigere dich nicht in Kämpfe hinein – ganz egal, worum es geht. Auch wenn es dir manchmal so erscheint: Kampf ist nie eine Lösung. Wachstum, Innovation und Reichtum auf allen Ebenen sind die Dinge, auf die sich eine Königin fokussiert. Wo andere sich auf Mangel, Gefahr oder Risiko fokussieren, sieht sie die Fülle auch in den Möglichkeiten und Herausforderungen und vertraut ihrer Intuition und Leidenschaft, um Neues zu entdecken. Es ist kein Kampf – es ist ein Abenteuer!

Natürlich sollst du nicht gleich hinschmeißen, wenn es mal ein wenig holprig wird in deinem Leben – aber schau immer, worum es geht: Ist es nur gerade holprig oder suchst du einen Weg, jemanden dazu zu manipulieren, etwas zu wollen, was er gar nicht will? *Ist* es gerade etwas schwierig in deiner Lebenssituation oder *machst* du es schwierig?

Lass dich von deiner Intuition und deiner Leidenschaft lenken – jede Herausforderung ist eine Möglichkeit für Wachstum. Und ja, Wachstum tut auch manchmal weh. Es kann für eine Zeit unbequem sein – aber wenn du das Gefühl hast, dein ganzes Leben besteht aus Kampf: Frage dich, was passiert, wenn du aufhörst zu kämpfen um Anerkennung, um Liebe, um Gerechtigkeit … und stattdessen selbst zu dem wirst, worum du kämpfst. Das, was du selbst am meisten willst, ist das, was du zu geben hast.

> Das, was du selbst am meisten willst, ist das, was du zu geben hast.

Jede deiner Fähigkeiten, Stärken und Talente hat einen Grund – höre auf deine innere Stimme und entdecke, welche Gründe das sind. Setz dich für Dinge ein – aber wenn du spürst, dass es nur Kampf und Krampf ist: Überlege dir, ob du deine Energie nicht sehr viel besser nutzen kannst.

10. Hör auf, hinterherzulaufen

Klar ist es leichter, „der Herde zu folgen" – aber wenn du die Krone trägst, folgt die Herde dir. Königin zu sein bedeutet Führung. Es bedeutet, Entscheidungen zu treffen und loszugehen. Es bedeutet, seiner Intuition zu folgen, und es bedeutet auch, die Angst zu spüren und es dennoch (oder sogar gerade deswegen) zu tun.

Wir können nicht immer wissen, wie die Dinge ausgehen und ob eine Entscheidung wirklich gut war – aber das wissen wir ohnehin erst ganz am Ende. Es wird Zeit, dass du deine eigenen Entscheidungen triffst und nicht dem hinterherläufst, was andere tun und vorschlagen. Je mehr du „dein Ding" machst, umso sicherer wirst du, was „dein Ding" überhaupt ist.

Ich habe bestimmt hundertmal gezweifelt, ob „mein Ding" wirklich „das Ding" ist und ob ich das wirklich tun soll, und habe mich zigmal ablenken lassen und auch andere Dinge ausprobiert. Und je mehr ich das getan habe, umso sicherer wurde ich darin, was „mein Ding" ist. Das kann ich nicht, weil ich besondere Talente habe oder unter einem besonders günstigen Stern geboren bin – ich kann es nur deshalb, weil ich angefangen habe und losgegangen bin: Mit „Coaching für Singles" habe ich 1998 etwas begonnen, was damals niemand sonst in Deutschland gemacht hat, und es war auch nicht immer einfach. Heute bin ich sehr froh darüber, dass sich herumspricht, dass wir es lernen können, gut in Beziehungen zu sein. Und ich bin froh, dass ich mich getraut habe.

Du musst nicht gleich etwas Neues erfinden – aber schau dich ab und zu mal um und frag dich, ob das, was du tust, dir wirklich entspricht und ob du es wirklich willst – oder ob du jemandem oder etwas hinterherläufst. Willst du wirklich, was du da tust – oder tust du es nur, weil andere es genauso machen?

Frag dich ab und zu, ob das, was du tust, dir wirklich entspricht und ob du es wirklich willst.

Geh mit gutem Beispiel voran, wenn du kannst – aber geh voran! Und warte nicht auf andere, um deine Träume zu verwirklichen – es sind *deine* Träume, und deine Lebenszeit ist endlich. Nutze Chancen und tu die Dinge, die du tun willst – vor allem wenn das „noch nie jemand so gemacht hat" ... Wenn dich etwas ruft, dann tu es, ohne zu erwarten, dass jemand dir die Erlaubnis erteilt – du machst deine Regeln für dein Leben. Niemand sonst.

Lauf auch niemandem hinterher, damit er dich mag oder mitnimmt. Nicht vergessen: Mach niemanden zu deiner Priorität, auf dessen Prioritätenliste du nicht weit oben stehst.

Übe deine königliche Haltung

Eine Königin zu sein bedeutet im Wesentlichen, dass wir einiges einfach nicht mehr tun. Auch das ist nicht immer einfach – manchmal erfordert es Mut, manchmal auch Geduld. Und es ist es wert, denn der Lohn dafür ist riesig: Selbstliebe, Mitgefühl, Sinn, Fülle, Macht über dein eigenes Schicksal, innere Ruhe, Freude, Respekt, Wertschätzung, gehört und gesehen werden, sich selbst ausleben können und was dir sonst in den Sinn kommt, wird wahr für dich, wenn du dich wie eine Königin fühlst, weil du wie eine Königin lebst.

Die eigentliche Frage lautet also jetzt: Bist du bereit zu tun, was es braucht, um die Königin in deinem Leben zu sein? Neben den Entscheidungen, die du jetzt treffen darfst, kannst du dich selbst dabei unterstützen, deine „königliche Haltung" zu üben und dich immer wieder daran zu erinnern.

Du kannst dich selbst dabei unterstützen, deine „königliche Haltung" zu üben.

In meinem Frauenseminar gibt es das „Krönungsritual": Die Frauen sitzen im Kreis, und in ihrer Mitte ist ein kleiner „Thron" aus Kissen aufgebaut. Reihum setzt sich jede Frau einmal in die Mitte, und die anderen Frauen sagen ihr „Ich sehe in dir eine Königin" und nennen anschließend alle guten, schönen und königlichen Eigenschaften, die sie in und an ihr sehen und wahrnehmen können. Jede Frau, die an der Reihe ist, sich in die Mitte zu setzen, wird vorher von mir mit einer Spielzeugkrone gekrönt, während ich ihr in die Augen schaue und ebenfalls „Ich sehe in dir eine Königin" sage.

Im Anschluss an die Krönung gibt es die Krönungsfeier, bei der jede frischgebackene Königin ein Kleid tragen darf, das sie im Schrank hat und viel zu selten trägt. Und so sitzen wir dann allesamt gekrönt und in Abendgarderobe oder zumindest sehr hübschen Kleidern an einer langen Tafel, und die Stimmung ist jedes Mal ganz wunderbar.

Noch wunderbarer ist es allerdings, dass jede Königin ihre Krone behalten und mit nach Hause nehmen darf – und was für ein Spaß es ist, wenn wir zum Beispiel die Krone auf dem Weg nach Hause noch im Auto tragen, wenn wir sie zu Hause tragen und damit bügeln, staubsaugen oder nackt durch die Wohnung tanzen.

Ich kann dir versichern: Alles wird irgendwie besser, wenn du eine Krone trägst.

DIES IST STUFE 4

Irgendwann trägst du die Krone so selbstverständlich, dass du sie gar nicht wirklich aufsetzen musst, um sie zu tragen. Fang an, mit Dingen aufzuhören, die dir und anderen sowieso nicht guttun und dich bisher nicht dahin gebracht haben, wo du gerne sein möchtest.

Du bemerkst vielleicht, dass sich die Dinge mehr und mehr verweben und wie sich einzelne Teile wiederholen und ergänzen. Genau darum geht es, denn alles basiert auf der Veränderung deiner Wahrnehmung und deiner Gedanken – in deiner Bereitschaft zur Dankbarkeit, Vergebung und Hingabe. Und es beginnt damit, dass du dein Denken veränderst.

Dein Leben wird sich nicht verändern, wenn du immer das Gleiche denkst, sagst und machst wie bisher: Beginne, infrage zu stellen, was du bisher geglaubt und getan hast, und andere Dinge zu tun (oder eben zu lassen).

Und es ist fast egal, wo du beginnst: Wenn du dich entscheidest, die Gründe für Dinge, die nicht so sind, wie sie sein sollen, nicht mehr im Außen zu suchen und zu belassen – sprich: wenn du dich entscheidest, kein Opfer mehr sein zu wollen, ist dies der Anfang von einem Wunder.

Wenn du dich entscheidest, nicht mehr zu kritisieren oder dich nicht mehr klein zu machen oder dich nicht mehr zu rechtfertigen, wird das dein Leben dramatisch verändern. Und du wirst spüren, wie du nach und nach auf all diese zehn Dinge immer weniger Lust hast. Du wirst immer deutlicher erkennen, dass du alles darfst, und du wirst mehr und mehr vergeben können, weil es dich frei macht, und du wirst dich immer mehr hingeben können, weil es dir Fülle schenkt, und das wird dich dankbarer machen, wodurch noch mehr Gutes zu dir kommen kann, das du annehmen darfst, wenn du willst.

All diese Dinge ergänzen und unterstützen einander – fang jetzt mit irgendeiner Sache an, und dein Leben wird ab heute leichter, einfacher, schöner, interessanter, liebevoller und reicher ... Es geht gar nicht anders.

WAS DU AUS DIESEM KAPITEL MITNEHMEN KANNST

- Eine Königin zu sein, ist eine Wahl. Triff sie, denn es lohnt sich.
- Beginne, einiges in deinem Leben einfach zu lassen. Und dann hol dir die Krone und beginne endlich das Leben als die „königliche Hoheit" zu führen, die zu sein du geboren bist.

WAS DU AUS DIESEM KAPITEL FÜR DICH REFLEKTIEREN KANNST

Hier sind noch einmal die zehn hilfreichen „Regeln" für das Leben als Königin. Mach dir selbst ein paar Notizen dazu, was für dich an jeder dieser Grundregeln die wichtigsten Punkte sind:

1. Hör auf, ein Opfer zu sein.

____

____

2. Hör auf, alles machen und jedem helfen zu müssen.

____

____

3. Hör auf zu kritisieren.

____

____

4. Hör auf, jemand anderes sein zu wollen.

____

____

5. Hör auf, dich klein zu machen.

6. Hör auf, neidisch, missgünstig oder eifersüchtig zu sein.

7. Hör auf, dich zu rechtfertigen.

8. Hör auf, alles kontrollieren zu wollen.

9. Hör auf zu kämpfen.

10. Hör auf, hinterherzulaufen.

MÄNNER – AUSWAHL, INBETRIEBNAHME UND WARTUNG

Nun, Hoheit: Der Titel dieses Kapitels ist nicht zufällig so technisch gewählt, denn wir gehen an das Thema „Umgang mit Männern" häufig viel zu emotional heran – vor allem mit viel zu vielen „weiblichen Emotionen".

Ob wir nun wollen oder nicht und ob wir mögen oder nicht – wir müssen und dürfen mit Männern klarkommen. Manchen Frauen mag das sogar leichter gelingen, als mit anderen Frauen klarzukommen. Doch eine grundsätzliche Versöhnung mit jeweils dem anderen und auch dem gleichen Geschlecht ist der Weg zu einem Leben, das dir mit Leichtigkeit und Freude gelingen kann. Und auch hier kann ich dich nur wieder erinnern: Vergebung, Vergebung, Vergebung!

Unterschiede und Gemeinsamkeiten

Es mag in Einzelfällen selbstverständlich zahlreiche Abweichungen geben – aber in der Summe kann ich nach jetzt 20 Jahren Coaching sagen: Es gibt deutliche Unterschiede zwischen Männern und Frauen. Und es geht meiner Meinung nach nicht darum, diese Unterschiede zu bewerten, sie zu verteufeln oder sie komplett zu beseitigen: Ich denke, es ist deutlich konstruktiver, wenn wir anerkennen, dass es diese Unterschiede in Summe gibt und dass wir lernen, mit diesen Unterschieden zu rechnen und klarzukommen.

> Es ist konstruktiver, wenn wir anerkennen, dass es Unterschiede zwischen Männern und Frauen gibt.

Ich gebe es offen zu: Ich habe Vorurteile. So wie alle Menschen – denn das ist ein wichtiger Bestandteil unseres Wesens: Wir erleben, hören, lesen oder sehen etwas, und nach spätestens drei ähnlichen Erlebnissen oder Informationen formt sich ein Vorurteil. Diese Vorurteile retten uns jeden Tag unzählige Male das Leben – denn die meisten von uns haben wohl zum Beispiel das Vorurteil, dass nahezu alle Autofahrer losfahren werden, wenn eine Ampel auf Grün springt, und dass – auch wenn die meisten Autos anhalten, wenn eine Ampel rot wird – es doch besser ist, vorsichtshalber noch mal zu schauen – weil manche es eben doch nicht tun. Alles Vorurteile.

Und so habe ich aus 30 Jahren Umgang mit Männern, als Frau, Freundin, Vertraute und Coach, auch Vorurteile über Männer – und genauso über Frauen. In den meisten Fällen bestätigen sich diese Vorurteile – und in manchen, wenigen Fällen nicht. So wie eben die meisten Autos an einer Ampel halten, wenn sie rot wird – und einige eben nicht.

Was ich in den letzten 30 Jahren über Männer gelernt habe, war in manchen Fällen für die Frauen in meinen Kursen schwer zu verdauen, aber in den allermeisten Fällen sehr hilfreich. Ich könnte mir vorstellen, dass das ein oder andere dir, liebe Leserin, vielleicht ebenfalls nicht so leichtfällt. Das macht nichts – nutze, was immer dir hilfreich erscheint.

Was du über Männer wissen solltest

Lass es mich zu Beginn ganz salopp formulieren: Jeder Mann auf diesem Planeten kommt ursprünglich aus einer Frau. Und die meisten

Männer verbringen sehr viel Zeit damit, darüber nachzudenken, wie sie wieder in eine Frau hineinkommen.

Die Mutter ist stets die erste Liebesbeziehung eines Mannes – und je nachdem, wie diese Beziehung verlaufen ist, wurde er geprägt für alle weiteren Beziehungen zu Frauen in seinem Leben: Hat ein Mann beispielsweise seine Mutter in der Kindheit als sehr einengend, freiheitsberaubend und bestimmend erlebt (und das sind leider nicht wenige), wird er auch lange Zeit noch als Erwachsener seine Probleme mit Partnerschaften haben, denn er versteht eine partnerschaftliche Beziehung zu einer Frau als Bindung und damit als Einschränkung seiner persönlichen Freiheit. Und je mehr eine Frau ihm „nachläuft", um eine Beziehung mit ihm einzugehen, umso mehr läuft er davon weg. Eigentlich ziemlich logisch, oder?

> Die Mutter ist stets die erste Liebe eines Mannes – und je nachdem wurde er dadurch geprägt für seine Beziehungen zu Frauen.

Wie „zähmt" man einen solchen Mann? Grundsätzlich ganz einfach: Neben ihrem Freiheitsdrang haben fast alle Männer – in unterschiedlichen Ausprägungen – zwei weitere, wunderbare Eigenschaften: den Jagdinstinkt und den Heldenimpuls.

> Neben ihrem Freiheitsdrang haben fast alle Männer zwei weitere Eigenschaften: den Jagdinstinkt und den Heldenimpuls.

Schaffst du es als Frau, seinen Jagdinstinkt zu wecken, und ist dieser stärker als sein Freiheitsdrang, wird er *dir* nachlaufen. Sprichst du seinen Heldenimpuls an (seinen Wunsch, ein Held zu sein – auch wenn es nur in Kleinigkeiten ist – das heutige Äquivalent zu „Ich habe Feuer gemacht!"), wird er dich nicht mit seiner Mutti verwechseln, weil er sich groß und stark fühlt, wenn er dich beschützen kann.

Diese beiden Möglichkeiten funktionieren übrigens bei fast allen Männern – egal wie ausgeprägt ihr Freiheitsdrang ist.

Gefällt dir beides nicht? Kein Problem: Es gibt noch eine weitere Sorte Mann, die sehr viel leichter zu haben ist: Männer ohne Freiheitsdrang oder einfach die, die sich mit dem Flirten, Daten und „Jagen“ nicht befassen möchten. Dafür gibt es unterschiedliche Gründe: Sie sind nicht wirklich in Kontakt mit ihrer Sexualität und suchen daher selbst eher platonische Beziehungen. Bei Männern ohne Freiheitsdrang ist es meist so, dass sie sich mit dem Thema einfach grundsätzlich schwertun: Sie haben sehr viel Angst vor Ablehnung und in Sachen Beziehung und Sexualität wenig Selbstvertrauen. Sie sind so froh, wenn sie endlich eine Frau abkriegen, dass sie gerne bereit sind, sofort eine Beziehung einzugehen, eine Familie zu gründen und sich mit diesem ganzen anstrengenden Gebalze nicht mehr abmühen zu müssen.

Es gibt auch Männer, denen ist dieses Spiel zu banal und zu oberflächlich: Sie müssen nicht zwangsläufig asexuell sein – manche sind zum Beispiel sapiosexuell. Mit anderen Worten: Sie finden Intelligenz besonders sexy, und das dauert natürlich etwas länger. Noch etwas länger dauert es bei Menschen, die sich als demisexuell bezeichnen: Sie brauchen zunächst ein Gefühl von emotionaler Bindung, bevor sie sich zu jemandem hingezogen fühlen.

Bei diesen Spezies hast du als Partnerin eine extrem hohe Wahrscheinlichkeit auf dauerhafte sexuelle Treue. Die höchste davon sicherlich bei den ängstlichen Männern ohne sexuelles Selbstvertrauen – und falls in deinem Leben genug anderes los ist, wo du Spaß, Abenteuer und Lust erlebst, kann das alles auch ganz schön sein. Wahrscheinlich ist aber, dass du in jedem Fall mehr Ärger hast als vorher.

Wollen wir also vielleicht doch mal ausführlicher über den Jagdinstinkt und den Heldenimpuls reden?

Jagdinstinkt und Heldenimpuls

Keine Sorge, ich komme dir jetzt nicht mit der „Jäger und Sammler“-Story, aber trotzdem mit einer sehr alten Geschichte: Seit es uns Menschen gibt, haben Frauen für eine recht begrenzte Zeit in ihrem Leben jeden Monat ein Ei. Wird dieses Ei befruchtet und die Frau schwanger, dauert das zehn Monate, und die Aufzucht und Pflege des Nachwuchses ist extrem aufwendig. Das hat zur Folge, dass Frauen sich über die Jahrtausende hinweg angewöhnt haben, ziemlich wählerisch zu sein, welchen Mann sie an dieses eine Ei und damit an sich heranlassen.

Männer hingegen ... Von der Pubertät bis zum Sarg kann es theoretisch mehrfach am Tag millionenfach zur Verbreitung des eigenen Genmaterials kommen. Tatsächlich ist es nachgewiesen, dass Männer – egal, ob sie bewusst eine Vermehrung ansteuern oder nicht – von der Natur so „verdrahtet" sind, dass sie sehr viel öfter an Sex denken als Frauen, mehr danach streben und sehr viel schneller und leichter erregbar sind.

> Es ist nachgewiesen, dass Männer sehr viel öfter an Sex denken als Frauen.

Auch wenn heute, im 21. Jahrhundert, viele Männer nicht mehr danach streben, sich möglichst häufig zu reproduzieren, und die moderne Verhütung es auch Frauen erlaubt, nur zum Spaß Sex zu haben, ohne die Gefahr, einen unerwünschten Genpool aufziehen zu müssen, steckt uns diese Ausgangssituation immer noch im Unterbewusstsein und hat großen Einfluss darauf, wie wir einander betrachten.

Frauen sind Männern gegenüber zunächst eher misstrauisch: zu Recht. Nicht nur haben wir den Impuls der Natur, misstrauisch zu sein, wir müssen auch noch damit rechnen, sexuell enttäuscht zu werden, weil unser Orgasmus viel anspruchsvoller ist als der der Männer. Wir möchten außerdem weder falsche Hoffnungen wecken noch benutzt, vergewaltigt, getötet, für billig gehalten oder schlicht gelangweilt werden.

Männer sind Frauen gegenüber grundsätzlich aufgeschlossener – sie müssen neben der Sache mit dem einen Ei ja nicht fürchten, billig zu wirken, vergewaltigt, benutzt oder getötet zu werden für Sex. Das Einzige, was Männer fürchten, ist im ersten Schritt Ablehnung.

Hat ein Mann seine Angst vor Ablehnung überwunden und ist er gut genug im Flirtspiel, liegt es in der Natur der Dinge, dass er Interesse daran hat, möglichst oft Sex zu haben. Je nachdem, wie er ansonsten gestrickt ist, möchte er einfach nur viel und oft Sex mit möglichst vielen Frauen – zum Beispiel, weil er damit dann nicht nur oft Sex hat, sondern auch noch bei anderen Männern angeben kann. Oder er möchte Sex mit möglichst attraktiven Frauen – weil er sich dann als „toller Hecht" bestätigt fühlt. Oder er möchte möglichst guten Sex und versucht möglichst schnell herauszubekommen, ob er mit der jeweiligen Frau den Sex haben kann, der seinen Bedürfnissen entspricht.

Oje, das klingt schrecklich, oder? Ist es aber gar nicht. Für uns hat – aus der Natur der Sache heraus – Sex sehr viel mit Intimität und Nähe zu tun. Auch weil wir es sind, in die eingedrungen wird! Für Männer ist es eher so etwas wie „Spiel, Spaß und Entspannung". Und warum geben manche auch gerne bei anderen Männern damit an? Weil in einer männlichen Hierarchie der Beste eben der Beste ist.

In einem weiblichen Freundeskreis geht es eher darum, gemocht zu werden, beliebt zu sein, einander zu verstehen und beizustehen, Gemeinsamkeiten zu haben und darüber zu reden. In Männergruppen geht es „sportlicher" zu, hier wird spielerisch konkurriert – wer ist besser, wer hat den größten (Motor im Wagen, na klar!) oder den längsten (Weg zurückgelegt, sicher). Naja, du verstehst schon ... und all das ist unter Männern vollkommen in Ordnung und sozial: Kräftemessen gehört dazu – auf die eine oder andere Art.

Und so kann es auch passieren, dass Männer ihren (vermeintlichen) sexuellen Erfolg in die Waagschale werfen, um in diesem Spiel um Anerkennung und Status Punkte zu machen. Sein Wunsch nach Sex ist also nichts „Hinterhältiges", sondern etwas vollkommen Normales – es bedeutet für ihn etwas anderes. Sex ist für einen Mann in aller Regel nicht so persönlich wie für eine Frau, und er hat nicht so viel zu verlieren wie sie.

Als Frau kannst du bei einer ersten Begegnung sofort erkennen, ob ein Mann dich attraktiv findet.

Als Frau kannst du bei einer ersten Begegnung sofort erkennen, ob ein Mann dich attraktiv findet: Mit ein klein wenig Aufmerksamkeit sind die Zeichen unübersehbar. Das erste und untrüglichste ist der sogenannte „Eye-Flash": Seine Augen werden größer, seine Pupillen weiten sich, und meist gehen sogar seine Augenbrauen ein Stück nach oben. Wenn du den Jagdinstinkt eines

Mannes geweckt hast, wird er versuchen, deine Aufmerksamkeit zu erregen: Er wird sich aufrechter setzen oder stellen, er wird seine Kleidung zurechtrücken oder seine Frisur checken. Er wird möglicherweise lauter werden (und lachen) oder etwas anderes tun, um deine Aufmerksamkeit zu erregen.

Bist du mit ihm bereits im Gespräch, ist Jagdinstinkt extrem leicht zu erkennen: Er wird dir von sich und seinen Erfolgen erzählen, um dich zu beeindrucken: Hattest du schon mal ein Date, wo du das Gefühl hattest, der Mann interessierte sich gar nicht für dich, weil er die ganze Zeit über sich redete und dich kaum etwas fragte? Das ist ein Anzeichen von erwachtem Jagdinstinkt: Er fand dich bereits ziemlich toll und wollte dir zeigen, dass er etwas „zu bieten“ hat. Leider wissen die meisten Männer – gerade im „Jagdmodus“ – nicht, dass Interesse sie sehr viel interessanter machen würde als zur Schau gestellter Status.

Leider wissen die meisten Männer nicht, dass Interesse sie sehr viel interessanter machen würde als zur Schau gestellter Status.

Den Jagdinstinkt wecken

Auch das ist nicht so schwer – natürlich hat jeder Mann bestimmte Vorlieben, wie du ja auch. Aber jenseits der Vorlieben des Einzelnen haben die meisten Männer ein paar sehr einfach zu bedienende „Knöpfe“, wenn es darum geht, ihren Jagdinstinkt zu wecken.

1. Sei sexy: Ganz egal, was für ein Typ Frau du bist, du kannst sexy sein. Für die einen ist es die klassische Mischung aus High Heels und Minirock oder Dekolleté und roten Lippen. Für die anderen ist es eine Skinny Jeans mit einem coolen Dutt ... Sexy macht dich nicht unbedingt, was du trägst, sondern wie du dich darin fühlst. Trau dich, sexy zu sein: Betone deine weiblichen Vorzüge. Trage Unterwäsche, die dir ein gutes, sexy Gefühl verleiht. Und sei dir klar: Manchmal ist weniger mehr – der Unterschied zwischen „sexy“ und „billig“ ist ziemlich einfach: Du solltest immer maximal zwei „Eyecatcher“ anbieten: entweder Lippen + Brüste *oder* Beine + Augen und so weiter.

2. Sei selbstbewusst: Wenn ein Mann merkt, dass du dir darüber bewusst bist, dass du toll und begehrenswert bist, wird das seinen Ehrgeiz und damit seinen Jagdinstinkt wecken. Wie heißt es so schön? „Die Frau ist die einzige Beute, die ihrem Jäger auflauert.“ Schau ihn an mit dem Gedanken: „Jag mich doch, wenn du kannst!“ und lächle, weil du weißt, dass schon seine Gene und Hormone ihn zwingen, fast alles tun zu wollen, um dich zu kriegen.

3. Hab Spaß und strahle es auch aus: Das ist die geheime Zutat im Erfolgscocktail, um einen Mann mithilfe seines Jagdinstinkts an Land zu ziehen: Selbst wenn du in seiner Bewertungsskala rein optisch nicht sofort als heißes Topmodel wahrgenommen wirst, hast du tausendfach bessere Chancen als Frauen mit perfekten Maßen, wenn du Freude ausstrahlen kannst. Nur Vollidioten versuchen, bei kalten, emotionslosen und abweisend wirkenden Frauen zu landen (und ehrlich gesagt: Wenn du Angst hast und versuchst, sie zu überspielen und dann Desinteresse heuchelst, um nicht bedürftig zu wirken, wirkst du kalt, emotionslos und abweisend. Also, falls du dich schon mal gefragt hast, warum du immer von Vollidioten angemacht wirst: wahrscheinlich deshalb). Geistig gesunde, kluge Männer haben einen inneren Kompass für Frauen, die Optimismus, Lebensfreude und Spaß ausstrahlen – denn mit denen kann man es schön haben.

Geistig gesunde, kluge Männer haben einen inneren Kompass für Frauen, die Optimismus, Lebensfreude und Spaß ausstrahlen.

Sexy, selbstbewusst und gut gelaunt – das ist die einzigartige Mischung, die Männer anzieht wie das Licht die Motte, und ihren Jagdinstinkt weckt.

Wenn der Jagdinstinkt eines Mannes geweckt ist, ist sein Interesse meist allerdings noch recht oberflächlich – sprich: sexuell. Das ist zunächst vollkommen okay.

Vom Jagdinstinkt zum echten Interesse

Wie unterscheidet ein Mann eine Frau, mit der er „nur" Sex haben möchte, von einer Frau, mit der er Sex und eine Beziehung haben möchte? Das ist leicht beantwortet und vielleicht nicht ganz so leicht umgesetzt – aber grundsätzlich geht es darum, dass zur Begierde noch Sympathie, Zuneigung und Sehnsucht kommen muss.

Sympathie erreichen wir meistens durch Gemeinsamkeiten: Wer einen ähnlichen Humor hat, dieselben Serien, Bücher, Filme oder Musik mag, wer ähnliche Vorlieben oder Leidenschaften hat, aus derselben Gegend kommt oder dieselbe liebenswerte Macke hat, findet leichter zueinander. Wir mögen in der Regel Menschen, die uns ähnlich sind und dasselbe mögen wie wir.

Wenn wir selbst **Zuneigung** zeigen, macht uns das sympathisch und kreiert Anziehung: Wir haben oft Angst, bedürftig zu wirken, und versuchen, einem Mann möglichst nicht zu suggerieren, dass wir ihn haben wollen. Doch was wäre, wenn du das „Habenwollen" mal trennen könntest von einem „mir gefällt, was ich bisher von dir weiß"? Was würde mit dir passieren, wenn dir jemand zu verstehen gibt: „Ich finde dich interessant" oder eben: „Mir gefällt, was ich bisher von dir weiß"? Auch Männer spornt das an – denn es ist ja kein Versprechen, sondern nur ein grünes Licht, das sagt: „Wenn du mich erobern willst, bist du auf dem richtigen Weg!" Wir mögen Menschen, die uns mögen.

Sehnsucht entsteht immer dann, wenn wir nicht – noch nicht oder eben gerade nicht – haben können, was wir wollen. Die meisten Männer werden versuchen, möglichst bald zur Sache zu kommen. Die meisten Frauen versuchen zwar einerseits, das hinauszuzögern, sind dabei aber nicht sehr gut darin, seine Sehnsucht zu entfachen. Das Zauberwort dafür lautet Reaktanz: Wir wollen ganz besonders das, was man uns vor die Nase hält und dann wieder wegnimmt. Viele Frauen tun sich damit schwer, weil sie so selten flirten oder daten, dass sie einen Mann, den sie interessant finden, unbedingt möglichst schnell binden wollen und deshalb die Beziehung mit möglichst viel Nähe und Kommunikation vorantreiben wollen. Das jedoch widerspricht dem Faktor

Sehnsucht und ist häufig einer der Hauptgründe, wenn ein Mann, mit dem alles so gut begonnen hat, sich plötzlich in Luft aufzulösen scheint.

Mit anderen Worten: Halte ihn nicht nur hin, sondern mach ihm auch Hoffnungen! Sorg dafür, dass er sich Sex und Zusammensein mit dir vorstellen kann, und zwar ganz besonders gut und aufregend ... aber dass er es sich eben verdienen muss – zum Beispiel mit Geduld und Commitment!

Den Heldenimpuls auslösen

Ein weiterer, sehr zuverlässiger Weg, Zuneigung zu kreieren, ist, den Heldenimpuls auszulösen.

Es gibt fünf magische Worte, die diesen Impuls auslösen können – sie sind sehr einfach und dennoch sehr wirkungsvoll. Sie lauten: „Ich könnte deine Hilfe gebrauchen."

Was? Das sollen die magischen Worte sein, um das Herz eines Mannes zu gewinnen? Du wirst dich wundern! Es ist dabei vollkommen egal, ob du mit dem Absatz im Kopfsteinpflaster festhängst, Hilfe für die Aufmerksamkeit eines Barkeepers brauchst, dein Reisverschluss klemmt, eine Spinne den Weg zum Klo blockiert oder bei dir zu Hause ein Möbel aufzubauen ist ... „Ich könnte deine Hilfe gebrauchen" weckt sehr zuverlässig den Helden im Mann. Er kann etwas tun. Er kann dir helfen. Er kann dich retten. Er kann den Drachen töten. Und er mag das.

Das gilt übrigens nicht nur für Männer, mit denen du eine Partnerschaft hast oder anstrebst: Es gilt für alle Männer, mit denen du zu tun hast. Was glaubst du, wie freundlich und positiv dein Verhältnis zum Beispiel zu männlichen Kollegen werden kann, wenn du ihnen ab und zu die Gelegenheit gibst, ein „Held des Alltags" zu sein? Es ist kein Eingeständnis von „Unfähigkeit", wenn du nicht alles selbst machst, sondern ein Akt sozialer Kompetenz, wenn du jemanden um Hilfe bittest und ihn anschließen lobst und zum „Helden“ erklärst.

Was ein Partner mit deinem Glück zu tun hat

Der größte Feind der selbstbewussten Frau ist die Bedürftigkeit – und die schleicht sich immer dann ein, wenn wir unser Seelenheil in einem Mann suchen. Grundsätzlich solltest du ohnehin schon lange nicht mehr daran glauben, dass du einen Mann brauchst bzw. einen „Partner“, um glücklich zu sein.

Ein Partner wird dich nicht glücklich machen! Er wird nur alles, was eh schon da ist, verstärken: Wenn du bereits häufig glückliche Momente erlebst, wirst du mit einem Partner diese Glücksmomente teilen können, und sie werden besser. Ein Partner wird aber auch dafür sorgen, dass du immer wieder (und auch öfter als alleine) Momente des Zweifels, der Enttäuschung oder des Ärgers erleben wirst. Und wenn du beispielsweise gern Selbstzweifel hast, dann wird ein Partner diese ebenfalls verstärken.

Ein Partner wird dich nicht glücklich machen! Er wird nur alles, was eh schon da ist, verstärken.

Männer sind wie Desserts: Sie sind nicht „notwendig“. Du brauchst kein Dessert – aber es kann schön sein, eins zu haben.

Diese Sätze hat Cher in einem Interview gesagt. Und ich feiere sie bis heute dafür, denn als sie von der Interviewerin um eine Erklärung gebeten wurde, sagte sie etwas, was vielen Frauen nicht bewusst ist: dass unsere Absicht, einen Mann haben zu wollen, unbewusst oft auf einer Mangeleinstellung beruht, die heute keine Basis mehr hat. Cher erzählte, dass ihre Mutter, als sie nach ihrer Trennung von Sonny längere Zeit Single war, zu ihr sagte: „Kind, mach dir keine Gedanken – du wirst eines Tages einen guten, reichen Mann kennenlernen und heiraten", und sie erwiderte: „Mum, ich *bin* ein reicher Mann!"

Die meisten Frauen heutzutage sind wirtschaftlich völlig unabhängig – und suchen dennoch immer noch nach einem Versorger. Es steckt uns einfach in den Knochen: Wenn wir davon sprechen, dass wir uns einen Partner auf Augenhöhe wünschen, dann meinen wir in Wahrheit, dass wir ganz leicht nach oben schauen wollen. Und je gebildeter und erfolgreicher du bist, umso schwieriger wird das.

Vor 50 bis 60 Jahren, (also vermutlich ungefähr, als deine Mutter das erste Mal daran dachte, einen Partner zu haben), war das normal, aber eben auch noch ziemlich problemlos: Es gab nicht so viele Familien, die ihre Töchter dazu anhielten und dabei unterstützten, zu studieren und eine höhere Laufbahn oder Karriere anzustreben. Die Führungsetagen waren zum allergrößten Teil männlich besetzt. Heute sieht das zum Glück etwas anders aus. Aber genau dadurch haben wir eine Lücke:

Männer haben andere Prioritäten in der Partnerwahl, und für sie ist es vollkommen in Ordnung, ja sogar unter Umständen wünschenswert, wenn ihre Partnerin etwas „unter ihnen steht": sie soll zwar nicht auf den Kopf gefallen sein, aber es ist gar nicht schlecht, wenn sie etwas weniger intelligent, etwas weniger gebildet und/oder etwas weniger erfolgreich ist als er. Warum? Weil Männer es lieben, von ihrer Partnerin bewundert zu werden. Du erinnerst dich: Männer lieben es, sich wie ein Held zu fühlen! Und das ist in der Partnerschaft selbstverständlich sehr viel einfacher, wenn man sich der Partnerin ein bisschen überlegen fühlen kann.

Die meisten Frauen heutzutage sind wirtschaftlich unabhängig – und suchen dennoch immer noch nach einem Versorger.

Die Zeiten haben sich geändert ... oder?

Inzwischen gibt es nun aber fast genauso viele gebildete, erfolgreiche Frauen wie Männer. Und wenn die Frauen mindestens auf Augenhöhe, gerne ein bisschen darüber schauen möchten und die Männer lieber ein kleines Stück nach unten ... Nun, du merkst es selbst.

Das Problem daran sind nicht die Männer – es sind wir selbst: Ein Mann hat grundsätzlich nichts dagegen, wenn eine Frau gutes Geld verdient. Er mag es auch, wenn sie selbstbewusst und intelligent ist. Es gibt nur eine Sache, die er auf keinen Fall will:

Ein Mann will nicht mit seiner Partnerin konkurrieren müssen.

Viele Frauen erzählen mir, die Männer wären immer „sofort weg", wenn sie erführen, dass sie in gehobener Position tätig oder Ingenieurin seien oder einen Doktortitel hätten. In keinem dieser Fälle jedoch lag es tatsächlich an der Position oder am Titel – es lag immer an der Art, wie die Frau sich gab, was sie ausstrahlte und wie sie mit den Männern umging.

Viele Frauen, die beruflich erfolgreich sind, sind es gewöhnt, dass sie zeigen müssen, dass sie gut genug sind. Sie gehen im Berufsleben in den „Männer-Modus" – oder sagen wir lieber in den „Alpha-Modus" – und beweisen sich: Entscheidungen treffen, Ziele fokussieren, Ansagen machen. Das ist vollkommen normal und in diesem Zusammenhang ja auch sinnvoll. Gehst du allerdings in diesem Modus und mit dieser Einstellung zu einem Date, bleibt es nicht aus, dass der Mann das Gefühl hat, dass er mit dir in Konkurrenz steht. Er kennt dieses Spiel von seinen Männerfreunden oder seinen männlichen Kollegen, und ihr werdet – unbewusst, aber ziemlich sicher – in einer Art Quartett-Spiel landen, wo ihr eure Leistungen und Erfolge vergleicht.

Verliert er dieses Spiel, findet er dich zwar toll – aber er fühlt sich nicht zu dir hingezogen. Er spielt zwar gerne Quartett – aber von einer Partnerin will er etwas anderes: Dort will er sich sicher und angenommen fühlen. Er will ihr Held sein können – aber auch nicht müssen: Denn in einer Partnerschaft darf er auch mal ausruhen und muss sich nicht beständig beweisen. Hat er jedoch das Gefühl, dass da jemand ist, der das von ihm erwartet, nimmt er Reißaus.

Männer wollen sich in einer Partnerschaft auch mal ausruhen und sich nicht beständig beweisen müssen.

Eine Taktik, die deshalb bereits viele Frauen schon versucht haben – und damit kläglich gescheitert sind –, ist: ihr Licht unter den Scheffel zu stellen und sich klein zu machen. Manchmal sogar möglichst lange zu verheimlichen, dass sie erfolgreich sind. Das funktioniert genauso wenig, denn mit dem Kleinmachen machst du dich auch unattraktiv, und selbst wenn er nicht weiß, was es ist, das du versteckst, kann er doch spüren, dass du nicht aufrichtig bist und etwas zu verbergen hast. Kein schönes Gefühl, wenn man jemanden doch gerade kennenlernen und ihm näherkommen will!

Die Lösung liegt im Jagdinstinkt und im Heldenimpuls und in der Erkenntnis, dass ihr einander verführen möchtet, nicht beeindrucken. „Natürlich bin ich erfolgreich, aber darum geht es doch heute gar nicht. Lass uns doch über etwas anderes, viel Interessanteres sprechen! Was bringt dich zum Lachen? Ja, unsere Jobs sind wichtig, und wir verbringen sehr viel Zeit dort – aber wir möchten ja *unsere* Zeit jenseits unserer Jobs miteinander verbringen, oder? Wovon träumst du? Was möchtest du unbedingt mal erleben?“

Zeig ihm, dass es dir nicht so wichtig ist, was er in seinem Berufsalltag macht, und dass es dir im Zusammenhang mit Liebe eben auch nicht so wichtig ist, was du beruflich machst. Es geht nicht darum, was jemand tut oder verdient, sondern ob dieser Menschen intellektuell und emotional als Partner zu dir passt. Das ist es, was du herausbekommen willst. Verführe ihn dazu, von seinen Leidenschaften, seinen Träumen und seinen Werten, Idolen und Ideen zu sprechen.

Fang an, das Ganze etwas leichter und spielerischer zu sehen, denn je ernster du die ganze Sache nimmst, umso verbissener wirst du, und das ist nun wirklich nicht sexy.

Flirten kannst du üben!

Fast alle Frauen, die zu mir kommen, nehmen Flirt und Dating viel zu ernst, sind misstrauisch und lernen daher nur wenige Männer kennen. Doch mit dem Finden eines Partners ist es genau wie mit dem Abschluss eines großen Businessdeals: Wenn keiner dich kennt und nicht mal weiß, dass es dich gibt oder was du anbietest, wirst du schwerlich Interessenten für dein Angebot finden. Und lange nicht jeder Interessent wird am Ende auch Kunde. Wenn du nur wenige Männer kennenlernst, wirst du immer den Fehler machen, dass du potenzielle Kandidaten falsch behandelst.

Ein Mann will es am Anfang des Kennenlernens leicht haben, mit dir in Kontakt zu kommen, und dann darf es nach und nach anspruchsvoller werden – er möchte sich ein bisschen darum bemühen müssen, der Beste für dich zu sein. Das ist einer der unbewussten Mechanismen, dem die meisten Männer folgen, aber du kannst ihn immer wieder bestätigt sehen: Männer lieben es, wenn sie etwas erreicht haben – und je anstrengender oder gefährlicher es war, desto mehr schätzen sie ihren Erfolg.

Solange du glaubst, dass du einen Partner „brauchst“, wird das allerdings erfahrungsgemäß schwer, denn du bist bedürftig. Der erste Weg aus der Bedürftigkeit heraus wäre daher, dir ein Leben zu gestalten, dass dir bereits *ohne* einen festen Partner, aber mit Freunden und Freundinnen, Familie, Kollegen, Verehrern und Flirts so viel Spaß macht, dass ein Partner allenfalls die Kirsche oben auf dem Kuchen ist – aber eben nicht der Kuchen sein muss.

Ein Partner ist allenfalls die Kirsche auf dem Kuchen – aber eben nicht der Kuchen selbst.

Habe ich „Verehrer und Flirts“ gesagt? Ja – und das möchte ich deshalb auch nochmals betonen, damit du es nicht überlesen kannst: Einer der besten Wege aus der Bedürftigkeit ist zu flirten. Also flirte! Nicht nur mit Männern, die du als Partner in Betracht ziehst, sondern mit Männern, die einfach dafür geeignet sind.

Mein Lieblingsflirt als Single war der attraktive Mitarbeiter meines damaligen Frühstückscafés. Fast jeden Morgen kehrte ich dort ein und holte mir einen Kaffee, ein belegtes Brötchen und einen Flirt. Als Mitarbeiter in einem Café muss man ja eigentlich ohnehin nett sein zu seinen Gästen, und das geht viel leichter, wenn die Gäste auch nett sind. „Ich liebe deine gute Laune am Morgen“, sagte ich eines Tages zu ihm. „Da freue ich mich beim Aufstehen schon auf den Tag, wenn ich weiß, dass ich gleich hierher komme und du da bist und mich anstrahlst!“ Dieses Kompliment blieb nicht ohne Wirkung: Der attraktive Mann hinter dem Tresen strahlte ab diesem Tag noch sehr viel mehr, wenn ich das Café betrat, er merkte sich meine Vorlieben, meinen Namen und begann seinerseits, mir Komplimente zu machen.

Auch wenn ich ihn sehr attraktiv fand, hatte ich nie vor, ihn zu daten: Er war nicht der Mann, mit dem ich mir die Art von Beziehung vorstellen konnte, die ich haben wollte – aber diese morgendliche Flirtdosis war sehr aufbauend und setzte einen Kreislauf in Schwung: Ich freute mich bereits, wenn ich das Haus verließ, und diese Freude strahlte ich aus. Im Café erhielt ich das entsprechende Feedback, und mein freudiges Strahlen verstärkte sich daraufhin. Auf dem Weg vom Café ins Büro hatte ich also sichtbar gute Laune und strahlte – was mir wiederum von anderen Menschen gespiegelt wurde.

Flirte mit allen Männern, die dafür geeignet sind.

Und jetzt stell dir vor, du selbst bist in einem solchen Zustand – und dann begegnet dir ein Mann, den du wirklich interessant findest. Ist es nicht viel, viel einfacher, ihn auch einfach anzustrahlen?

Stell dir vor, fast jeder deiner Tage würde so aussehen, und du hast ein Date. Das hat einen großen Einfluss darauf, wie du wirkst und wie attraktiv du bist!

Das gilt übrigens auch, wenn du bereits in einer Beziehung bist: Viele Menschen, die in Beziehungen sind, hören schlagartig damit auf, mit anderen zu flirten. Doch damit nehmen sie sich eine große Chance, ihre Attraktivität auch für den Partner zu erhalten: Denn das Feedback von außen durch einen kleinen Flirt sorgt auch bei Menschen in Partnerschaften für einen positiven Effekt, und hält man sich selbst dadurch für begehrenswert und attraktiv, hat dies auch eine Wirkung auf den Partner!

Flirts haben eine magische Wirkung auf uns – denn unser Unterbewusstsein zählt quasi mit, wie viel Aufmerksamkeit und Bestätigung wir erhalten. Wenn wir nie flirten, ist das recht wenig, und wir fühlen uns „arm“ und einsam. Wir haben das Gefühl: Da draußen ist keiner, der sich für uns interessiert, keiner, der uns attraktiv findet, und akzeptieren irgendwann die Annahme, dass wir uninteressant und unattraktiv sind. Das ist natürlich völliger Quatsch! Doch wenn du nicht „auf Sendung“ bist – sprich: niemanden anschaust und keine Gelegenheiten gibst –, wie willst du Feedback und Bestätigung erhalten? Also raus aus der Höhle und ins Licht!

Wie du mit Männern flirtest

Die meisten Frauen machen den Fehler, dass sie – oft aus Angst, was passieren könnte – viel zu selten flirten. Doch im Flirt geht es zunächst ja einfach nur um eine Annäherung. Du musst deinen Flirt ja nicht gleich heiraten – es geht zunächst nur um ein bisschen Kontakt: vielleicht ein verschwörerischer Blick, der anzeigt, dass ihr beide gerade dasselbe über eine Situation oder einen anderen Menschen denkt, vielleicht ein aufmunterndes Zwinkern oder einfach nur ein nettes und erwidertes Lächeln, ein klitzekleines Kompliment (Männer lieben kleine Komplimente, denn sie bekommen fast nie welche!) oder auch mal ein frecher Kommentar, wenn es passt.

Es gibt jeden Tag zig Gelegenheiten für einen kleinen Flirt – du musst sie nur sehen wollen!

Die erste Regel zum Flirten ist: Denk dir nicht so viel dabei – leg es einfach darauf an, jemand anderem für einen Moment ein gutes Gefühl zu vermitteln.

Eine gute Strategie, die ich seit vielen Jahren anwende, ist der Vorsatz, jeden Menschen, mit dem ich in Kontakt komme, zum Lächeln zu bringen. (Nein, das mache ich nicht jeden Tag – aber ich liebe die Tage, an denen ich mir das vornehme!) Du wirst erstaunt sein, wie es deine Haltung zu anderen verändert und deine Kreativität fordert, wenn du dir das vorgenommen hast. Du musst, um das zu tun, nämlich auch beginnen, deine Mitmenschen wirklich anzuschauen und mit ihnen in Kontakt gehen. Und alleine das wird schon sehr viel verändern, denn wenn wir ehrlich sind, sind wir sehr häufig mit unseren Gedanken ganz woanders als da, wo unser Körper sich gerade befindet.

Beim Flirten kommt es darauf an, jemand anderem für einen Moment ein gutes Gefühl zu vermitteln.

In dem Moment, wo du dich entscheidest, „anwesend" zu sein und in Kontakt zu gehen, wirst du merken, dass es durchaus Männer gibt, die Interesse an dir zeigen, und auch, falls 90 Prozent davon nicht in dein „Beuteschema" fallen, macht das etwas mit dir. Übe dich darin, Menschen in die Augen zu schauen und den Blickkontakt so lange zu halten, wie es dauert, in deinem Kopf etwas Nettes zu diesem Menschen zu sagen: Du musst es nicht einmal aussprechen, es reicht schon, wenn du es denkst!

In meinem „Komm in Kontakt"-Seminar sind die Frauen immer wieder erstaunt, wie ewig lange es (aus ihrer Sicht) dauert, bis ein Mann einen Blickkontakt erkennt und versteht. Du kannst dir sicher sein, dass ein paar Sekunden Augenkontakt von keinem Mann als aufdringlich empfunden werden.

Du kannst auch flirten, indem du bei Männern direkt den Heldenimpuls auslöst – besonders im beruflichen Umfeld ist das eine feine Sache. Bitte doch mal einen Kollegen um Hilfe oder um einen Gefallen, und wenn er es tut, sag ihm: „Tausend Dank – du bist wirklich der Beste" oder „Damit hast du heute den Titel des Bürohelden des Tages gewonnen, danke dir". Du wirst sehen, wie seine Augen zu leuchten beginnen und er sich geschmeichelt fühlt, selbst falls seine Worte etwas anderes behaupten: den Heldenimpuls auszulösen verfehlt seine Wirkung niemals.

Mit Männern zu flirten ist einfach – und es ist ein guter Weg, Freude zu verbreiten und sich sehr viel gutes Feedback und Bestätigung zu holen. Wenn du einem Mann gefällst, der dir nicht gefällt, muss dir das nicht unangenehm sein. Du schaust dir sicher auch manchmal gerne etwas an, das dir gefällt, was du dir aber vielleicht gar nicht leisten kannst. Dir gefallen manchmal auch Sachen, die gar nicht zu dir passen – dennoch kannst du sagen: „Für mich wäre das zwar nichts – aber dennoch ist das schön!“ Und so ist es mit Männern, denen du gefällst, die aber nicht zu dir passen – gratuliere ihnen innerlich einfach zu ihrem guten Geschmack und freu dich darüber.

Wenn du einem Mann gefällst, der dir nicht gefällt, muss dir das nicht unangenehm sein.

Wenn ein Mann es mal „zu ernst“ nimmt, dann sag ihm einfach: „Entschuldigung, aber so war das nicht gemeint!“ Kleine Missverständnisse in der Kommunikation gibt es doch täglich zuhauf, und so kann ein Mann auch mal ein „Ich wünsch dir einen tollen Tag“ mit einem „Bitte baggere mich jetzt an“ verwechseln. Das ist halb so schlimm: Für einen Mann bist du als Frau, die offen und freundlich ist, im ersten Moment einfach eine „Gelegenheit“. Und manche Männer möchten diese Gelegenheit eben unbedingt nutzen – wenn du aber für ihn keine Gelegenheit bist, kannst du das schnell und einfach klarstellen – er wird sich deshalb nicht nächtelang in den Schlaf weinen.

Wenn du den Mann deiner Träume finden möchtest, musst du nämlich noch eine Sache lernen: Nein sagen.

Nein sagen

Sage Nein zu jedem Mann, der dich verwechselt und dich für eine Gelegenheit hält, die du nicht sein möchtest. Sage Nein zu jedem Mann, der dich nicht so behandelt, wie du gerne behandelt werden möchtest, und sage Nein zu jedem Mann, der dir nicht anbieten kann, was du suchst.

Lerne, so Nein zu sagen, dass ein Mann es verstehen kann. Ein typisch weibliches „Nein“ besteht meistens daraus, dass wir einsilbig werden, den Blickkontakt abbrechen und dem anderen nicht mehr zustimmen. Unter Frauen ein vollkommen eindeutiges Signal für den Rückzug, bei dem beide das Gesicht wahren können. Nicht so bei Männern: Wenn ein Mann erst mal in Fahrt und mit dir im Gespräch ist und irgendwann merkt, dass es nicht ganz so gut läuft und du nicht ganz so beeindruckt bist, wie er es sich erhofft hatte, dann wird er einfach versuchen, sich mehr Mühe zu geben, dich zu beeindrucken. Das kann ziemlich nervig sein.

Lerne also, klar Nein zu sagen. Und das ist technisch sehr einfach – wenn du dich von einer typisch weiblichen Attitüde verabschiedest: dem Wunsch, bei ihm beliebt zu bleiben.

Lerne, klar Nein zu sagen.

Viele Frauen sagen mir, sie wollen einem Mann „nicht wehtun“. Das mag schon sein – aber der Sinn dahinter ist letztlich ein egoistischer: Die meisten Frauen wollen hauptsächlich, dass der Mann zwar versteht, dass er gehen soll, sie danach aber immer noch nett findet. Sind wir doch mal ehrlich: Fast jede Frau träumt heimlich davon, dass jeder ihrer Ex-Partner (egal, warum Schluss war) seinen Enkeln noch erzählt: „Weißt du, die Oma, das ist schon eine ganz tolle Frau – aber *vor* der Oma, da kannte ich mal eine ...“ Wir haben einen regelrechten Zwang, beliebt sein zu wollen, und wollen uns auf keinen Fall unbeliebt machen – noch nicht mal bei einem Mann, den wir niemals wiedersehen möchten. Hör auf damit!

Ja, manche Männer können ganz schön fies werden, wenn man ihnen einen Korb gibt. Das lässt sich leicht erklären: Wenn ich sage, Flirten sei ein Spiel, dann verstehen wir Frauen darunter, dass es nichts Ernstes ist und um nichts geht – es ist eben spielerisch und ohne ernste Absichten. Auch für Männer ist es ein Spiel – doch für die meisten Männer ist ein Spiel etwas, wo es um Gewinnen und Verlieren geht, und das ist sehr ernst. Und es gibt eben auch sehr schlechte Verlierer.

Nimm es nicht persönlich – sei einfach froh, wenn du einen schlechten Verlierer schnell entlarvt hast und los bist.

Sage klar und deutlich „Nein!“ und hör auf, dabei zu lächeln. Das ist mit am wichtigsten. Wenn du Nein sagst und dabei zaghaft lächelst oder verlegen lachst, dann wird ein Mann dich wahrscheinlich nicht ernst nehmen (und sich mehr Mühe geben). Sag ihm so etwas wie: „Sorry, ich denke, wir sind nicht auf derselben Wellenlänge.“ Und wenn das noch nicht genügt, sag ihm: „Es wird Zeit, dass du gehst. Es gibt hier nichts für dich.“

Nimm es nicht persönlich, sondern sei froh, wenn du einen schlechten Verlierer entlarvt hast und los bist.

Wenn du keine Angst mehr vor dem Neinsagen hast, kannst du auch „Ja“ sagen, bis du weißt, ob der Mann dir wirklich gefällt. Und wenn nicht, schickst du ihn eben wieder nach Hause. Hab niemals Angst, dich unbeliebt zu machen bei einem Mann, den du nicht haben willst. Das lohnt sich nicht.

Was wollen Männer?

Wollen alle Männer immer nur Sex? Kurz und knapp: Nein. Natürlich wollen Männer nicht immer nur Sex – aber sind wir doch mal ehrlich: Wo ist denn der Hauptunterschied zwischen einer Beziehung und einer Freundschaft? Es ist der Sex, den man miteinander hat, und es sind die Pläne, die man miteinander hat. Letztlich geht es darum, dass man ein Team wird – und unsere Sexualität spielt zumindest in der Anfangszeit dabei eine große Rolle. Ein männlicher Kollege von mir hat es einmal so formuliert:

Frauen suchen Liebe und finden Sex –
Männer suchen Sex und finden Liebe.

Das soll nicht heißen, dass Männer sich nicht ebenso nach Liebe, Zuneigung, Geborgenheit und Gemeinsamkeit sehnen. Das tun sie! Aber in den meisten Fällen ist ihr „Instinkt" stärker auf Sex ausgerichtet. Während es bei uns Frauen eher umgekehrt ist: Wir mögen ebenfalls guten Sex: Zärtlichkeit, Lust und Ekstase sind allesamt ganz wundervolle Zustände – aber unser „Instinkt" ist stärker auf Gemeinsamkeit, Zuneigung und Geborgenheit ausgerichtet.

Und so ist unser Kennenlernen oft auch eine Frage von Prioritäten und Timing: Für manche Männer ist Bindung nicht so wichtig, Sex allerdings wäre toll. Für manche Frauen ist Sex nicht so wichtig, aber Bindung wäre toll. Was nicht heißt, dass wir nicht auch das jeweils andere gerne haben wollen. Nur dass für uns Frauen Sex und Bindung viel stärker zusammengehören als für Männer. Genau deshalb geht es auch fast immer schief, einen Mann mit Sex an sich binden zu wollen.

Für Frauen gehören Sex und Bindung viel stärker zusammen als für Männer.

Der alte Spruch „Wer kauft schon die Kuh, wenn er die Milch umsonst bekommt?" hat auch im 21. Jahrhundert offenbar noch eine gewisse Gültigkeit. Ich empfehle daher immer, mit dem Sex ein wenig zu warten: Männer, die sehr schnell auf Sex drängen, wollen meistens auch nicht mehr als das. Und wenn eine Frau sehr schnell darauf eingeht – vielleicht auch, weil sie den Mann so heiß findet, dass sie sich nicht beherrschen kann –, heißt das umgekehrt für den Mann eben nicht, dass sie ihn so toll findet, sondern eher: Sie ist eine Frau, die schnell Sex mit einem Mann hat. Und auch heute noch ist das in den Köpfen vieler Männer nicht unbedingt ein Argument, mit dieser Frau eine dauerhafte, partnerschaftliche Beziehung anzustreben.

So wie wir einen Mann, der uns keinerlei sexuelle Avancen macht und nur „Freundschaft" ausstrahlt und anzubieten scheint, fast immer in die „Friendzone" einsortieren – also in die „Nur-Freunde-Ecke", kann es eben passieren, dass ein Mann eine Frau, die schnell bereit ist für Sex, in die „Slutzone" einsortiert – also die „Nur-vögeln-Ecke". Das muss nicht so sein, ist aber eben häufig so.

Wann ist es eine Beziehung?

Auch wenn es darum geht, ab wann man denn nun eine Beziehung hat, scheiden sich die Geister oftmals: Männer geben am Anfang einer Beziehung – in der Kennenlernphase – oft richtig Gas: Sie möchten die Frau beeindrucken und erobern, sie sparen nicht an Aufwand, Komplimenten, Aufmerksamkeit und Nachrichten. In dem Moment jedoch, wo die Frau „angebissen" hat, machen die meisten Männer wieder einen Schritt zurück: Es scheint also geklappt zu haben – aber ist das denn nun tatsächlich die Frau, mit der der Mann eine Beziehung eingehen möchte?

Männer geben in der Kennenlernphase oft richtig Gas und machen dann wieder einen Schritt zurück.

Viele Männer ziehen sich in diesem Moment zurück – oft auch, weil sie zeitgleich noch eine oder zwei andere Frauen daten und nun schauen müssen, ob die Frau, die jetzt „beziehungsbereit" ist, tatsächlich auch die Richtige sein kann. In dieser Zeit datet ein Mann dann oftmals die Konkurrentinnen besonders häufig, um sich ein Bild zu machen. Die beziehungsbereite Frau merkt plötzlich, dass die Aufmerksamkeit des Mannes sich von ihr abwendet – und macht zwei entscheidende Fehler:

1. Anstatt die selbstbewusste, lebenslustige, unabhängige, sexy Frau zu bleiben, die er kennengelernt und begehrt hat, verwandelt sie sich in eine unsichere, abhängige Frau, die ihm nachläuft. Und wir wissen ja bereits: Läufst du ihm nach, läuft er davon.
2. Sie verstärkt sein ohnehin schon schlechtes Gewissen: Natürlich fühlt er sich nicht ganz wohl dabei, jetzt noch andere Frauen zu treffen, wo es doch gerade mit der einen sehr ernst werden könnte. Natürlich weiß er, dass das alles nicht so ganz fein ist. Deshalb blendet er die Frau so gut es geht aus – aber sie lässt sich natürlich nicht ausblenden: Schließlich ist sie kein Auto, das man in eine Garage fahren und abschalten kann. Jedes Mal, wenn sie sich jetzt bei ihm meldet, fühlt er sich schlecht. Dummerweise allerdings assoziiert er dieses schlechte Gefühl nicht mit seiner Entscheidung, noch eine

andere Frau in Betracht zu ziehen, sondern mit der Frau, die ihm vermeintlich das schlechte Gewissen macht.

Dass ein Mann sich zurückzieht, kann sogar passieren, wenn er keine andere Frau trifft und einfach nur für sich den Schritt zurück macht, um nochmals darüber nachzudenken. Und so ist es schon allzu häufig vorgekommen, dass gute Anfänge sich einfach wieder verloren haben, wenn wir Frauen die Bindung zu schnell anstreben und er keine Gelegenheit hat, seinen „Rückzug in die Höhle" zu haben, weil wir ihm direkt nachlaufen.

Diesen „Rückzug in die Höhle" machen übrigens fast alle Männer in fast allen Situationen – auch später noch in einer Beziehung: Während wir Frauen Probleme, Herausforderungen und Entscheidungen gerne mit gemeinsamer Kommunikation lösen wollen, sind Männer oft eher daran interessiert, die Sachen in Ruhe zu durchdenken – und zwar alleine. Es ist also kein Zeichen mangelnder Zuneigung, wenn er sich nicht mit dir austauscht, sondern stattdessen erst mal sehr still ist. Er zieht sich zurück, möchte die Sache mit etwas Abstand betrachten und in Ruhe darüber nachdenken.

Nur Vorsicht: Findet er durch Nachdenken keine Lösung, kann es auch sein, dass er hofft, das Problem „weg-ignorieren" zu können. Da schätzen uns viele Männer wiederum sehr schlecht ein: Manche von ihnen scheinen zu hoffen, dass wir ein Problem oder ein Streitthema mit der Zeit vergessen, wenn es lange genug nicht erwähnt wird. Als ob so etwas jemals vorkäme, oder? Manche dieser Themen allerdings machen wir uns auch selbst ...

Bleib unabhängig!

Vielleicht hast du von deiner Mutter oder auch von anderer Seite schon den Satz gehört: „Mach dich nie abhängig von einem Mann" – und ich kann diesen Satz auf eine ganz bestimmte Art bestätigen: Mach deine Lebensfreude, deinen Lebenssinn, deinen Spaß und dein Selbstvertrauen nie abhängig von einem Mann. Du bist eine großartige Frau, ein wundervolles Wesen. Dein Lebenssinn ist es nicht, die Frau eines bestimmten Mannes zu sein. Verschwende deine Zeit daher niemals damit, auf einen bestimmten Mann zu warten oder zu hoffen.

Verschwende deine Zeit niemals damit, auf einen bestimmten Mann zu warten oder zu hoffen.

Ein Mann wird sich immer in die Lebendigkeit und die Freude einer Frau verlieben – und all das wird dir verloren gehen, wenn du sie davon abhängig machst, ob ein Mann dich als Partnerin akzeptiert.

S-Exklusivität

Die meisten Männer werden spätestens ab dem dritten Date ihr Interesse an Sex mit dir ausdrücken. Manche vielleicht auch schon früher – und es ist eine ganz schlechte Idee, ihm zu suggerieren, dass Sex „keine Option" ist oder du überhaupt nicht daran denkst. Denn er denkt sehr wohl daran – warum datet er dich sonst?

Erinnerst du dich? Die Sache mit dem Jagdinstinkt: Es geht also darum, sein Interesse noch zu verstärken und ihn bei der Stange zu halten. Und das ist eigentlich ganz leicht. Sag ihm exakt Folgendes: „Weißt du, ich finde dich wirklich toll und ich möchte durchaus sehr gerne Sex mit dir haben. Ich habe nur aufgrund schlechter Erfahrungen in der Vergangenheit eine Regel: Ich habe erst Sex mit einem Mann, wenn ich mit ihm in einer Beziehung bin. Ich mag dich und möchte dich sehr gerne besser kennenlernen – und sollten wir beide uns entscheiden, dass wir eine Beziehung miteinander wagen wollen, bin ich sicher, wir werden ganz großartigen Sex haben."

Natürlich kannst du auch deine eigene Variante davon formulieren – aber diese Punkte sind wichtig:

1. Lass ihn wissen, dass du Sex mit ihm haben willst.
2. Lass ihn wissen, dass du keinen Sex mit ihm haben wirst, solange ihr keine Beziehung habt – und dass das zwar nicht an ihm liegt, aber auch nicht verhandelbar ist.

3. Lass ihn wissen, dass du vollstes Vertrauen darin hast, dass ihr tollen Sex miteinander haben werdet, sobald ihr euch gut genug kennt, um euch dafür zu entscheiden.

Das hat ganz großartige Nebenwirkungen: Ein Mann, der tatsächlich eine Beziehung in Erwägung zieht, weiß ab diesem Moment, dass du ihn als Partner in Betracht ziehst und „scharf auf ihn" bist – ohne dass du bedürftig bist, weil du Bedingungen hast. Jetzt ist er motiviert, das Kennenlernen und die Beziehung voranzutreiben, um dieses Ziel zu erreichen. Er wird sich ins Zeug legen, denn er will verdienen, was du ihm zutraust.

Ein Mann, der einfach nur Sex will, wird sich abwenden – denn das ist ihm zu anstrengend. Er sucht sich lieber eine Frau, die er nach ein, zwei Dates und ein paar netten Worten ins Bett bekommt, ohne sich festlegen zu müssen.

So kannst du dich teilweise auch davor schützen, immer wieder das Gefühl zu haben, dass du „die falschen" Männer kennenlernst – denn das hat häufig auch Gründe, die (wer hätte es gedacht) zum großen Teil bei dir liegen – und du kannst sie ändern!

Auch eine Variante: Such guten Sex

Wenn du das Gefühl hast, dass du von der Partnersuche genervt bist, dann hör doch für eine Weile auf, nach dem Mann fürs Leben zu suchen – und suche nach gutem Sex. Du wirst ihn bekommen, wenn du tatsächlich genau danach suchst. Die Männer werden verrückt nach dir sein. Vor allem dann, wenn du von Anfang an klarmachen kannst, dass du nur Sex und eine nette Zeit haben möchtest.

Einen Mann für Sex zu finden ist leicht. Und der Mann wird dir vermutlich auch einiges bieten. Doch mach nicht den Fehler und verwechsle das mit Verliebtheit. Der Mann „zahlt" mit Aufmerksamkeit, gutem Sex und vielem mehr dafür, dass er keine weiteren Verpflichtungen eingehen muss, um Sex mit dir zu haben.

Solltest du dich doch in ihn verlieben, hast du wahrscheinlich schlechte Karten: Du bist leider schon im Fach „guter Sex ohne Bedingungen“ abgelegt. Da kommst du nur schwer wieder heraus. Ungefähr so schwer, wie ein Mann bei einer Frau aus der „Gute Freunde“-Schublade wieder herauskommt, wenn er ihr vorgemacht hat, dass er kein sexuelles Interesse an ihr hat oder weil er denkt, dass sie ihn ablehnen würde, wenn er sie begehrt. Es sind nicht immer „die falschen Männer“, es sind eher die falschen Annahmen, die in die falschen Verhaltensweisen und damit immer wieder in total bekloppte, verfahrene Beziehungskonstellationen münden.

Mach nicht den Fehler und verwechsle Sex mit Verliebtheit.

Immer der Falsche?

Besonders oft höre ich das von weiblichen Klientinnen: „Ich habe ja im Grunde keine Probleme, Männer kennenzulernen, aber es sind immer die Falschen.“ Dabei lassen wir oft völlig außer Acht, dass der „falsche“ Mann vielleicht genau der richtige ist – nur leider für andere Bedürfnisse oder zu einem anderen Zeitpunkt.

Der „falsche" Mann ist vielleicht genau der richtige – nur leider für andere Bedürfnisse oder zu einem anderen Zeitpunkt.

Ich habe das früher auch erlebt: Einen Mann für eine Affäre zu finden war kein Problem – aber wenn ich mich verliebte und mehr wollte als Spaß zwischen den Laken, wurde es kompliziert. Oder ich lernte total liebe Männer kennen, mit denen ich mich nach wenigen Wochen langweilte.

Im Grunde sind es gar nicht immer die Falschen – du hast sie vermutlich nur mit den falschen Signalen angelockt bzw. die falschen Versprechungen gemacht, und sie erfüllen deshalb nicht das, was du dir eigentlich wünschst. Vielleicht sogar, weil du dir bisher nicht eingesteht, was das ist!

Der gute alte Spruch „Es gehören immer zwei dazu“ stimmt tatsächlich: Kein Mann ist alleine der Schuft, der uns nicht so behandelt, wie wir es doch verdient hätten. Du selbst bist es, die ihm die Gelegenheit dazu gibt und die ihn mit ihrem Verhalten dazu regelrecht ermuntert:

- Der Kerl, der dich nicht anruft, ärgert dich ja nur deswegen, weil du hoffst, dass er es täte. Die Tatsache des Nichtanrufens alleine ist gar nicht schlimm – es sei denn, du hattest andere Hoffnungen (die du womöglich noch nicht mal kommuniziert hast).
- Der Typ, der dich nicht gut behandelt, kann das nur, weil du ihn lässt.
- Ein Mann, der gerne eine Familie hätte und einsam ist, ist nur dann eine Nervensäge, wenn du dich nicht so schnell für ihn erwärmen kannst wie er sich für dich.
- Der Mann, der dir viel zu weich und unterwürfig erscheint, reagiert damit vielleicht nur darauf, dass du hart und dominant wirkst.

Eine Beziehung zwischen zwei Menschen besteht immer aus Aktion und Reaktion – aus einem Signal und dessen Erwiderung. Menschen passen sich Gegebenheiten an, das sieht man schon bei kleinen Kindern: Je nachdem welche Grenzen ihnen klar sind, verhalten sie sich auch. Die Grenzen werden regelmäßig ausgetestet und bei Erfolg erweitert. Stück für Stück wagen sich kleine Menschen vor und probieren, wie weit sie gehen können. Gibt das Ärger, wenn ich anstatt des Papiers den Tisch vollmale? Hilft lautes Schreien, damit Mama mir ein Eis kauft? Und wenn ja, wie lange muss ich schreien, bis sie nachgibt?

Eine Beziehung zwischen zwei Menschen besteht immer aus Aktion und Reaktion – aus einem Signal und dessen Erwiderung.

Genauso ist es auch mit den Erwachsenen: Je nachdem wie und als was andere Menschen dich kennenlernen und wahrnehmen, werden sie dich sehen, in ihr Weltbild einfügen und mit dir umgehen. Deine theoretischen Fähigkeiten und Charaktereigenschaften nutzen dir nicht, wenn du sie nicht lebst und zeigst.

Menschen bekommen stets einen ersten Eindruck voneinander, der sich an wenigen Informationen und Details festmacht. Von diesem ersten Eindruck jedoch schließen wir auf den Rest der Persönlichkeit – und verhalten uns entsprechend. Dabei ist eine Sache ganz entscheidend: Wie du mit dir selbst umgehst. Denn wie du dich behandelst, ist die Vorgabe für alle anderen, wie du behandelt werden möchtest oder sogar musst. Genau deshalb ist es so wichtig und hilfreich, dass du eine Königin bist und es dir selbst gut gehen lässt!

Wenn du dich klein machst, musst du dich nicht wundern, wenn andere dich nicht ernst nehmen. Wenn du dich hart, tough und dominant zeigst, wirst du einen „Sklaven“ finden, der zu dir aufschauen will. Wenn du denkst, deine Bedürfnisse sind falsch, und sie nicht zeigst, wird es kaum möglich sein, jemanden zu finden, der dir gibt, was du dir wünschst.

Das gilt natürlich auch für bereits bestehende Beziehungen: Wenn du stets diejenige bist, die sich aktiv um alles kümmert – vielleicht auch, weil du deinem Partner vermittelst, dass du das ohnehin viel besser kannst als er –, musst du dich nicht wundern, dass du dich immer um alles kümmern „musst“. Bei zwei Menschen kann immer nur einer vorausgehen, der andere muss zwangsläufig hinterherlaufen.

Wenn du dich klein machst, musst du dich nicht wundern, wenn andere dich nicht ernst nehmen.

Wie schon erwähnt bist du im ersten Kontakt mit einem Mann zunächst einmal eine „Gelegenheit“ für ihn. Und die meisten Männer haben eine sehr gute Antenne für Gelegenheiten. Fast alle Männer – selbst wenn sie sich eine liebevolle Partnerschaft wünschen – würden eine Gelegenheit für Zufallssex wahrnehmen, wenn sie sich bietet. Und es gibt Frauen, mit denen Männer einfach Sex haben möchten, und Frauen, die auch als Partnerin infrage kommen.

Das hat damit zu tun, ob du sie nur mit Sex und mit sexueller Energie „anlockst“ oder auch mit dem Herzen. Tatsächlich. Dieselben Männer, die vielleicht „immer die Falschen“ sind, könnten auch die Richtigen sein, wenn du ihnen etwas anderes anbietest.

Der Knackpunkt an der Sache: Wenn du von deiner Persönlichkeit, deiner Herzenswärme, deinen Qualitäten als Partnerin nicht überzeugt bist, wenn du nicht anbietest, was bei ihm den Wunsch nach Partnerschaft und Verbindlichkeit mit dir auslöst, kann er der „Falsche" sein, obwohl er auch der „Richtige" sein könnte.

Vielleicht denkt er genau wie du, dass er „immer die Falschen" kennenlernt. Das ist übrigens kein bewusster Prozess. Es ist ungefähr so, wenn wir Frauen immer sagen, wir wünschen uns einen netten, ehrlichen, treuen, humorvollen Mann, der wirklich beziehungsfähig ist – und dann genau diese Männer sterbenslangweilig finden.

Den Richtigen finden

Seine Frau fürs Leben möchte ein Mann kennenlernen, beobachten, am liebsten sogar erobern müssen – weil sie es wert ist. Sie hat Selbstvertrauen, sie weiß, was sie will, und sie lässt ihn etwas für sie tun. Bei ihr fühlt er sich männlich, er darf ihr Held sein, aber er darf sich bei ihr auch Schwäche erlauben. Er findet bei ihr nicht nur Sex und Bestätigung, sondern auch Wärme und Geborgenheit – und doch zeigt sie ihm, dass all das nicht selbstverständlich ist, sondern nur geschieht, wenn er sie respektiert und ihr gibt, was sie braucht.

Das Gefühl des Zusammenpassens entsteht nicht (nur) in der Körpermitte, sondern vor allem im Kopf und im Herzen. Du musst ihm von Anfang an klarmachen: „Ich will ‚den einen' oder keinen ... Und wer weiß – vielleicht bist du das ja?" Nur so wirst du auch herausfinden können, wie beziehungsfähig und -willig dein Gegenüber ist.

Was nutzt dir ein Mann, den du nur mit Tricks und Täuschungen anziehen und bei dir halten kannst?

Was nutzt dir ein Mann, den du nur mit Tricks und Täuschungen anziehen und bei dir halten kannst? Wenn du Unverbindlichkeit versprichst, damit er sich in dich verlieben kann, und dann doch Verbindlichkeit wollen soll, wird das fast immer nach hinten losgehen.

Unser Leben verläuft in unterschiedlichen Phasen, in denen wir mal mehr Freiheit und mal mehr die Geborgenheit einer Partnerschaft suchen – und häufig sind wir uns gar nicht klar darüber, wer und was uns dabei beeinflusst. Aber wenn du wirklich bereit bist und „den einen für immer" haben willst, dann steh dazu und biete genau das an. Nicht jedem Nächstbesten, sondern dem, der sich dessen würdig erweist.

Einen Mann halten und binden

Eigentlich mag ich das Wort „binden" nicht besonders – ich finde es persönlich viel schöner, wenn zwei Menschen einfach gerne zusammen sind und solange zusammenbleiben, wie sie sich etwas zu geben haben.

Das muss nicht immer nur Friede, Freude und Eierkuchen sein – auch meine Beziehung hat schon manches stürmische Meer besegelt. Und dennoch würde ich nicht wollen, dass mein Mann und ich zusammenbleiben, weil wir uns „aneinander gebunden" haben, sondern weil wir uns zueinander hingezogen fühlen, weil wir ein gutes Team sind, weil wir wissen, dass der eine einfach am besten zum anderen passt.

Besser als sich „aneinander gebunden" zu fühlen ist, sich zueinander hingezogen zu fühlen, weil der eine einfach am besten zum anderen passt.

In den zehn Dingen, die du für ein Leben als Königin lassen kannst, hast du bereits eine perfekte Grundanleitung für fast alles, was du brauchst, um eine gute, gesunde Beziehung zu einem Mann zu pflegen. Für die Paarbeziehung im Besonderen hätte ich noch drei weitere Punkte, die du lassen solltest, wenn du dir eine dauerhafte und glückliche Partnerschaft wünschst: Eifersucht, Rechthaben und Gedankenlesen.

Eifersucht

So wie Freude wie ein Magnet wirkt, der einen Mann anzieht, ist Eifersucht auf Dauer wie ein Magnet, der ihn zuverlässig abstößt. Manche Männer machen die Eifersucht ihrer Partnerin sogar mit, aber auf Dauer verlieren beide den echten, innigen Kontakt zueinander: Eifersüchtig zu sein bedeutet, dass du deinem Partner permanent vorwirfst, dass er nicht ehrlich zu dir ist, dass er eine andere Frau lieber mag als dich und dass er danach strebt, lieber mit jemand anderem zusammenzusein. Mit der Zeit wird so selbst der treuste Mann zur Überzeugung gelangen, dass du recht haben könntest, denn wer will sich dieses Gezeter dauernd anhören? Wer hat schon Lust, als erwachsener Mensch ständig wie ein Teenager bei Mutti Rechenschaft darüber abzulegen, wo man sich wann und wie lange und mit wem aufgehalten hat? Wer will seiner Partnerin ständig versichern müssen, dass man sich nur mit ihr wirklich gut fühlt – obwohl sie einem permanent ein schlechtes Gewissen machen will?

Ganz ehrlich: Ist ein Mann grundsätzlich von der untreuen Sorte und kann mit Monogamie nicht leben, wird keine Eifersucht und kein Vorwurf auf der Welt ihn davon abhalten, auch mit anderen Frauen zu schlafen oder Kontakte zu unterhalten. Nichts, was du tust, kann einen Mann, der das will, davon abhalten – es macht ihn nur vorsichtiger.

Eifersuchtsszenen, Vorwürfe und Beschuldigungen lösen bei deinem Partner schlechte Gefühle aus.

Eifersuchtsszenen, Vorwürfe und Beschuldigungen allerdings lösen bei jedem Menschen schlechte Gefühle aus. Du machst dich also selbst zu einer Quelle für schlechte Gefühle und machst damit – egal, ob berechtigt oder nicht – deinem Partner das Leben zur Hölle. Und vermutlich will er dann weg von der Quelle der schlechten Gefühle.

Solltest du einen Partner haben, der seinerseits eifersüchtig ist, dann nimm das nicht als „Liebesbeweis" hin: Eifersucht ist keine Liebe – Eifersucht ist die Folge von Verlustangst und Selbstzweifeln. Verlustangst haben wir immer nur dann, wenn wir der irrigen Annahme sind, dass der Partner unser Eigentum wäre. Und Selbstzweifel haben wir immer dann, wenn wir denken, dass der Partner eigentlich viel zu gut für uns ist. Beides spricht also nicht unbedingt für Liebe.

Dein Partner kann dir entweder glauben, dass er gut genug für dich ist und du nicht dumm bist – sprich: dass du dich aus gutem Grund für ihn entschieden hast und ihn liebst, weil ihr einfach gut zusammenpasst und du mit ihm zusammen bist, weil du das auch denkst. Oder er glaubt es dir nicht – dann wäre es besser, wenn er mit jemandem zusammen ist, dem er das glauben kann.

Und genauso solltest du auch deinem Partner glauben, dass er sich zu Recht für dich entschieden hat. Zeig ihm, dass du zu 100 Prozent sicher bist, dass du die perfekte Partnerin für ihn bist und er keine bessere finden wird – zum Beispiel, indem du nicht eifersüchtig bist, weil du dich in deiner Rolle als Partnerin von keiner Frau bedroht siehst, der er vielleicht mal nachschaut. Fast alle Männer schauen teuren Autos und tollen Frauen nach – das zeigt lediglich, dass sie gesund und am Leben sind.

Rechthaben

Du kannst recht haben – oder du kannst glücklich sein. Die meisten Menschen haben diesen Spruch schon mal gehört oder gelesen, die wenigsten verstehen ihn. Denn man will ja gar nicht recht haben – man weiß es wirklich besser! Männer und Frauen tun sich darin oft nicht viel. Es geht nicht darum, dass du nach dem Motto „Du hast recht und ich meine Ruhe" agieren sollst. Es geht darum, dass es unglaublich viele Situationen im Leben gibt, wo beide auf ihre Art „recht haben", und genauso viele, wo in Wahrheit beide auch irgendwie danebenliegen.

Du kannst recht haben – oder du kannst glücklich sein.

Oft geht es uns beim Rechthaben darum, dass wir einfach wollen, dass der Partner unseren Standpunkt versteht. Und in vielen Fällen kann er das gar nicht. Das ist dann allerdings kein mangelndes Einfühlungsvermögen oder gar mangelnde Liebe – es geht eben einfach nicht. Wer mit einem Penis aufgewachsen ist, hat einfach andere Erfahrungen und andere Herausforderungen und lebt in einer anderen Welt. Wenn du gänzlich verstanden werden möchtest, könntest du es allenfalls mit einer Frau versuchen.

Und wenn es dir darum geht, von deinem Partner mehr Verständnis zu bekommen, frage dich zuerst: Hast du denn Verständnis für ihn? Hast du grundsätzlich Verständnis für Männer? Hast du eine Ahnung davon, wovor er sich wirklich fürchtet? Was sind die Dinge, die er nicht mal dir sagt? Wo kann er nicht aus seiner Haut und warum?

Ich höre immer mal wieder von Frauen das abschätzige Urteil, Männer seien „einfach gestrickt" – und weißt du was? Zum einen stimmt das nicht, und zum anderen können wir froh sein, wenn das ein oder andere bei Männern tatsächlich einfacher gestrickt ist als bei uns. Sonst wäre die Menschheit nämlich längst ausgestorben. Was ist denn besser daran, wenn etwas „komplizierter gestrickt" ist? Ist das dann automatisch besser, nur weil es komplexer ist? Ich bezweifle es.

Was ist denn besser daran, wenn etwas „komplizierter gestrickt" ist?

Oft genug wollen wir auch gar nicht unbedingt recht haben oder verstanden werden – wir wollen, dass unser Partner es uns recht machen soll. Aber Achtung: Wir sind ja nicht so einfach gestrickt – es soll natürlich nicht so aussehen, als ob er es uns recht machen will. Also: Er soll schon tun, was wir gerne hätten – aber eben nicht, um es uns recht zu machen. Er soll einfach wissen, was wir brauchen, und einen natürlichen Drang entwickeln, genau das immer im richtigen Augenblick zu liefern! Wie bitte?

Tu dir bitte selbst einen Gefallen und mach es dir selbst recht. Warte nicht darauf, dass dein Partner deine Gedanken liest, und sag ihm einfach, was du brauchst und womit er dich glücklich machen kann. Denn hat sich ein Mann einmal dafür entschieden, eine Partnerschaft mit dir einzugehen, will er letztlich am meisten genau das: dass du glücklich bist. Nur leider sind die meisten Männer einfach nicht besonders gut darin, zu erraten oder zu riechen, wie sie das anstellen können. Aber du kannst ihm helfen! Hilf deinem Partner, dich glücklich zu machen, indem du ihm sagst, wie er dir eine Freude machen kann, was du brauchst, worauf du stehst – erwarte nicht, dass er es „schon merken wird", wenn er nur aufmerksam genug ist. Das funktioniert nur in Hollywood!

Gedankenlesen

So wenig, wie du erwarten solltest, dass er deine Gedanken liest, solltest du versuchen, seine Gedanken zu lesen. Vor allem, wenn dein Gedankenlesen immer darin resultiert, dass du etwas liest, das sich gegen dich wendet.

Du brauchst deinen Partner auch nicht zu fragen, was er gerade denkt – in den meisten Fällen willst du die Antwort sowieso nicht wissen. Es geht dir darum, dass du Aufmerksamkeit bekommst und dein Partner dir seine Liebe auf „Frauen-Art" zeigt: durch Kommunikation und Bestätigung. Aber Männer ticken nun mal etwas anders. Natürlich will er mit dir reden, aber er will dich auch anfassen, er will mit dir schlafen, er will dir imponieren, er will mit dir angeben, er will etwas für dich tun können – er will dein Held sein –, er will etwas mit dir unternehmen oder einfach wissen, dass du da bist, und manchmal will er auch einfach seine Ruhe.

Du brauchst deinen Partner nicht zu fragen, was er gerade denkt – in den meisten Fällen willst du die Antwort sowieso nicht wissen.

Wenn er etwas tut oder sagt, das dir nicht gefällt oder das du nicht verstehst, interpretiere daraus nicht gleich, dass er dich nicht mehr liebt, sondern sage ihm ganz offen, dass du es nicht verstehst oder dass es dich irritiert, verletzt oder enttäuscht, wie er agiert – und auch warum.

Letztlich wirst du die Gedanken eines Mannes nie ganz verstehen können – so wenig wie er deine. Wir sind – was das angeht – nun mal grundverschieden. Und das ist auch gut so. Es ist doch gerade das, was uns anzieht: dass wir eben nicht gleich sind!

Menschen, Männer wie Frauen, vereinfachen Dinge gerne. Vorurteile helfen uns, die Welt für uns leichter zu machen und irgendwie auch sicherer. Doch manchmal machen wir es uns vielleicht auch zu leicht, wenn wir das, was uns nicht passt, einfach mit „typisch Mann“ in eine Schublade packen.

Männer und Frauen produzieren unterschiedliche Hormone, haben zum Teil unterschiedliche Bedürfnisse, unterschiedliche Arten, Dinge wahrzunehmen, und kommunizieren teilweise unterschiedlich aus unterschiedlichen Motiven heraus. Ich bin dafür, nicht über das zu schimpfen, was uns unterscheidet, sondern das zu lieben, was uns verbindet, und das zu pflegen, worin wir uns ergänzen. Und das ist gar nicht so schwer, solange wir ein bisschen Verständnis dafür aufbringen, dass es so ist, und nicht darauf beharren, recht zu haben damit, wie wir sind und wie wir denken.

DIES IST STUFE 5

Du erkennst, dass es nicht darum geht, abhängig oder unabhängig von Männern oder einem bestimmten Mann zu sein, sondern darum, dass wir uns bemühen, unsere Unterschiede dazu einzusetzen, gute Teams miteinander zu bilden.

Du kriegst deinen Arsch hoch und beginnst, „zielgruppengerecht" mit Männern zu kommunizieren, anstatt zu erwarten, dass sie sich dir und deinen Bedürfnissen anpassen.

WAS DU FÜR DICH AUS DIESEM KAPITEL REFLEKTIEREN KANNST

Männer sind anders, und anstatt sich über unsere Vorurteile zu ärgern, können wir sie auch nutzen. Überleg doch mal, wie du dich in vergangenen Beziehungen oder Beziehungsversuchen verhalten hast: Wie war es da mit dem Jagdtrieb und dem Heldenimpuls?

____

____

____

Wie oft kommunizierst du Männern gegenüber tatsächlich deine Bedürfnisse (ohne dass du es als Vorwurf tust)?

____

____

____

Welche Erkenntnisse aus diesem Abschnitt könntest du sofort – also vielleicht diese Woche noch – einfach mal ausprobieren?

____

____

____

MUSCHI-MAGIE

Ja, du hast richtig gelesen. Und falls du gerade ein wenig erschrocken bist, wirst du überrascht sein, was deine „Muschi“ mit „Magie“ zu tun hat und vor allem in welchen Bereichen deines Lebens. In dir liegt ein Schatz verborgen – und in diesem Kapitel geht es darum, wie du an diesen Schatz herankommst und ihn nutzt. Die Quelle deiner Kraft liegt in deinem Schoß und ist das „Tüpfelchen auf dem i“ – das Geheimnis deiner weiblichen Kraft. Vielleicht magst du dich etwas schwertun mit diesem Kapitel, aber es lohnt sich, wenn du dich traust – das verspreche ich dir. Es ist sozusagen der magische Schlüssel dafür, zu bekommen, was du willst, und auch noch Spaß dabei zu haben.

Es mag im ersten Moment offensichtlich sein, dass Männer sich für deine Geschlechtsteile interessieren – doch darum geht es hier nicht, eher sogar im Gegenteil: Hier geht es darum, dass *du* dich für sie interessierst. Denn die meisten Frauen tun das tatsächlich nicht. Und das hat fatale Auswirkungen, über die wir dringend reden müssen.

Die Scham ablegen!

Das Gefühl von Scham ist es nämlich, das uns so oft in diesem Bereich hält, wo wir gerne würden, aber nicht „können“. Wo wir uns nicht trauen, was wir eigentlich wollen und können. Wo wir lieber fleißig und anpassungsfähig sind als schlau, verführerisch und sichtbar. Ich erlebe es in den unterschiedlichsten Varianten immer wieder:

So viele Frauen, die mitten im Leben stehen, beruflich erfolgreich und redegewandt sind, mutieren plötzlich zu unreifen Teenagern, wenn ihnen ein Mann gefällt.

Es gibt unzählige Frauen, die so viel drauf haben und erfolgreich sein könnten in ihrem Metier, wenn sie sich trauen würden, gesehen und gehört zu werden, oder die versuchen, es jedem irgendwie recht zu machen und dabei vollkommen aus ihrer Balance geraten ... und noch so vieles mehr. Und geht man diesen Dingen auf den Grund, landen wir immer wieder bei ein und derselben Sache: bei Scham.

Vielleicht war dir das selbst bisher gar nicht so klar – doch wenn du zum Beispiel ...

- ein Kleid hast, das alle deine Vorzüge betont und du es trotzdem nie anziehst, dann ist das Scham,
- nicht mehr schwimmen gehst, weil du zugenommen hast und einfach „unmöglich" aussiehst im Bikini, dann ist das Scham,
- für deine Muschi keine Bezeichnung hast als „da unten", dann ist das Scham.

Und ich könnte dir vermutlich noch tausend andere Beispiele nennen. Scham hat immer etwas damit zu tun, sich unwohl zu fühlen aufgrund dessen, wie man ist. „Was könnten andere darüber denken?", ist ein häufiger Gedanke in diesem Zusammenhang – aber oft genug reicht schon, was man selbst darüber denken könnte.

Was Scham bewirkt

Einiges von dem, was bei uns an Scham existiert, entsteht unabsichtlich: Gerade in der Pubertät sind wir sehr empfänglich für das Gefühl, nicht in Ordnung zu sein. Der Übergang vom Kind zum Erwachsenen ist oft holprig und bietet eine Menge Möglichkeiten, Scham im Zusammenhang mit dem eigenen Körper oder den eigenen Bedürfnissen zu entwickeln.

Unsere Kultur hat eine gewisse Neigung dazu, Frauen häufig und auf verschiedenste Arten mit Scham zu konfrontieren. Ganz egal ob durch Restriktionen bei der Veröffentlichung von Fotos in den sozialen Medien, Diskussionen um öffentliches Stillen oder „Mitschuld" an sexuellen Übergriffen durch das Tragen von aufreizender Kleidung oder „falsche Signale“ ... immer wieder geht es um Scham – häufig sogar, ohne dass der Begriff tatsächlich benutzt wird, aber immer irgendwie in der Luft hängt, wenn es um die Frau und ihren Körper bzw. ihre Sexualität geht.

Scham war schon immer ein wirksames Druckmittel und scheint gerade bei uns Frauen ganz besonders gut zu wirken. Scham fühlt sich nicht gut an und erzeugt auch fast immer unweigerlich Angst: die Angst, nicht in Ordnung zu sein, und die Angst, abgelehnt zu werden aufgrund dessen, wie man ist. Scham wirkt daher auch in vielen Branchen verkaufsfördernd: Viele Werbekampagnen, die sich an Frauen richten, sind verbunden damit, dass das Produkt vor Blamage schützt: das Waschmittel, das wirklich sauber macht, so dass man sich nicht vor dem Gatten, den Nachbarn oder der Schwiegermutter blamierte oder der Kaffee, den die Gäste nicht in den Tassen stehen lassen. Bis heute begegnen uns immer wieder „Angebote“, die uns mit der Vermeidung von Scham ködern wollen, nur sind sie etwas subtiler geworden.

Ein gewisses Maß an Scham ist durchaus sinnvoll: Die Fähigkeit eines Menschen, ein Schamgefühl zu besitzen, sorgt dafür, dass wir „gesellschaftsfähig“ sind, weil es uns dazu anhält, soziale Normen einzuhalten. Was ich hier allerdings meine, ist die Scham vieler Frauen, eine freudvolle und gesunde Beziehung mit ihrer Libido, ihrer Lust, ihrer Sexualität und ihren Geschlechtsteilen einzugehen!

Meine Mutter hatte mir ein Gespräch angeboten, als ich das erste Mal meine Tage hatte. Und sie hat mir beigebracht, vorsichtig zu sein mit dem, was Männer wollen. Aber sie hat mir nie irgendetwas von meiner Klitoris erzählt oder wie Küssen oder Sex am meisten Spaß machen könnten. Um Himmels willen! Sie allerdings hatte von ihrer Mutter noch sehr viel weniger Informationen bekommen – gar keine, um genau zu sein.

Und obwohl ich eigentlich glaube, dass ich ziemlich offen und liberal erzogen wurde (meine Eltern hatten eine Videothek mit einer entsprechenden Abteilung für Erwachsene und sprachen über Sexualität eigentlich relativ frei), war es auch für mich immer noch eine Art

Tabuthema, wenn es um weibliche Sexualität und Genuss ging. Es dauerte viele Jahre, bis ich zum ersten Mal zu einem Spiegel griff und mir „das da unten“ mal genauer ansah.

Scham und Sinnlichkeit

Wir Frauen empfinden auch heute noch oft Scham, wenn es um unsere Sinnlichkeit geht. Sinnlichkeit und Vergnügen sind Dinge, über die die meisten Frauen nicht gerne sprechen oder mit denen sie sich nicht wohlfühlen. Es ist fast so, als würden wir uns mit der „Sünde“ identifizieren, die durch die christliche Prägung unserer Gesellschaft mit Weiblichkeit assoziiert wird. Brav fügen wir uns, indem wir uns selbst für unsere Sexualität schämen und Sinnlichkeit und Vergnügen damit unterdrücken oder ignorieren. Aber was, wenn unsere größte Scham in Wahrheit unsere größte Quelle für Stolz und Freude wäre?

Die sogenannte sexuelle Revolution, von der man im Zusammenhang mit der 68er-Bewegung und der Entwicklung der Anti-Baby-Pille spricht, hat zwar durchaus einiges an Fortschritten gebracht – aber offenbar nicht die Befreiung der weiblichen Lust.

Obwohl Sex überall medial erhältlich ist und es uns Frauen weitestgehend freigestellt ist, wie und mit wem wir leben, Sex haben und ob wir Kinder möchten oder nicht, gibt es immer noch unzählige Bereiche, in denen gerade wir Frauen verschämt sind, beschämt werden oder schamhaft agieren. Ein Mann, der mit vielen Frauen Sex hat, ist immer noch ein Aufreißer, ein Casanova, ein Schürzenjäger – ein Frauenheld. Eine Frau, die mit vielen Männern Sex hat, ist nach wie vor eine Schlampe, ein Flittchen, eine Dorfmatratze – Bezeichnungen, die weit weniger schmeichelhaft sind.

Viele Studien zeigen, dass die Zeiten, in denen Frauen beim Sex mehr an ihre Wirkung und das Ego des Mannes denken (Stichwort vorgespielter Orgasmus), längst nicht vorbei sind und dass viele Frauen große Schwierigkeiten damit haben, über ihren eigenen Sex, ihre sexuellen Erfahrungen und Bedürfnisse und sogar ihre Geschlechtsteile zu sprechen.

Es scheint, als fiele es selbst uns Frauen deutlich leichter, die männlichen Geschlechtsteile zu benennen als unsere eigenen: der Penis, das Glied, der Schwanz – darauf die Eichel, darunter die Hoden oder einfach der „Sack". Das sind nicht gerade romantische oder zärtliche Begriffe – aber doch bekannte und gebräuchliche. Doch wie steht es bei uns selbst?

Unsere Sprachlosigkeit in Sachen Sexualität

Viele Frauen landen gerade mal bei „untenrum" oder „das da unten" – wie traurig. Auch ich habe lange einfach halblustig „Mumu" gesagt. Andere sagen „korrekt" Scheide oder Vagina, wenn sie ihre Geschlechtsteile meinen. Doch das ist leider eben nicht korrekt, im Gegenteil – schon aus biologischer Sicht ist es falsch: Denn mit Vagina wird lediglich die Verbindung zwischen den äußeren und inneren Geschlechtsteilen, also die „Röhre" hin zu Gebärmuttermund, Gebärmutter und Eierstöcken, bezeichnet. Das Äußere unserer Geschlechtsteile – also der sichtbare Teil – ist die Vulva, bestehend aus Schamhügel, Schamlippen und Klitoris. Selbst in den Begrifflichkeiten steckt schon wieder jede Menge Scham. Das Problem dabei ist:

Die Art, wie wir über unsere Geschlechtsorgane sprechen, beeinflusst unser Selbstverständnis und umgekehrt: Unser (mangelndes) Selbstverständnis beeinflusst, wie wir über unsere Geschlechtsteile sprechen. Viele Frauen wissen wenig über ihre Genitalien, einige schämen sich dafür, manche ekeln sich sogar davor. Diese Scham wurde uns über Jahrhunderte antrainiert. Unser Geschlechtsteil galt als unrein, minderwertig und potenziell gefährlich – sündig eben. Und deshalb als etwas, das man verbergen und wofür sich schämen muss.

Die Psychologin Harriet Lerner machte bereits in den 1970er-Jahren darauf aufmerksam: Mädchen können auf die Idee kommen, dass etwas falsch mit ihnen sei, wenn das, was sie an sich sehen können, nicht benannt wird oder werden darf. Und damit behält sie wohl bis heute recht. Bei der Arbeit an diesem Kapitel habe ich immer wieder recherchiert, um selbst sicher zu sein, dass stimmt, was ich schreibe. Als ich dabei Notizen in mein iPhone diktiert habe, wurde das Wort „Vulva“ nicht erkannt – egal auf welche Art und wie sorgfältig ich es ausgesprochen habe. Das ist zwar im ersten Moment eine oberflächliche Anekdote, sagt aber doch viel darüber aus, wie ungebräuchlich dieser Begriff offenbar ist.

Es ist wichtig, dass wir Frauen besser darin werden, zu sagen, was wir brauchen, wollen und sind. Und das beginnt bei unseren Geschlechtsteilen: Wenn wir immer nur von „Vagina“ oder gar „Scheide“ reden, beschreibt es, was wir an unserer weiblichen Sexualität wahrnehmen und priorisieren: nämlich den Teil der Anatomie, der hauptsächlich für Männer beim Sex interessant ist. Eine Scheide: das ist ein Futteral für ein Schwert. Möchtest du dich so wahrnehmen müssen?

Sprache erschafft Realität und Gefühle – Dinge, die man nicht benennt, sind nicht wichtig, haben keine Priorität oder werden verschwiegen, weil man sie fürchtet oder eben: weil man sich ihrer schämt. Und so landen wir dann bei „da unten“ – und kriegen nie, was wir wollen! Das ist tatsächlich ein vitaler Part unserer „Entschämung“ insgesamt: Wenn du es noch nicht getan hast, dann lerne deine Geschlechtsteile kennen und benenne sie!

Die Quelle der Kreativität

Deine Geschlechtsteile kennenzulernen und ein gutes, im wahrsten Sinne des Wortes selbstbewusstes Verhältnis zu deiner Muschi aufzubauen, wird sich auf alle Lebensbereiche auswirken: Hier geht es nicht nur um Sexualität – hier geht es um dich als Frau und um deine Kraft. Dein Schoß ist eine Quelle: In dir – genauer gesagt in deiner Gebärmutter – kann Leben entstehen. Und du besitzt mehrere Stellen, in denen unfassbare Energie, Lust und Freude entstehen kann: deine Klitoris, deine Schamlippen, dein G-Punkt.

Erinnerst du dich? Zu Beginn dieses Buchs habe ich dir gesagt: Sehr gute Dinge passieren, wenn du dich gut fühlst. Der Orgasmus der Frau ist ein Geschenk an sie selbst. Er soll zu unserem eigenen Vergnügen und zu einer Entfesselung unserer Lust beitragen und ist eine Quelle für Kreativität und Freude. Er ist nicht angelegt, um die Qualität eines männlichen Liebhabers zu bestätigen, und muss deswegen auch nicht vorgetäuscht werden. Wenn er es nicht bringt oder du dich nicht entspannen kannst: Sag es ihm! Wenn er etwas anders machen kann, um dich glücklich zu machen: Sag es ihm!

Lerne, diese Freude als Quelle für deine Inspiration und deinen Erfolg zu nutzen – vielleicht erkennst du den Zusammenhang noch nicht, aber ich kann dir versprechen, dass du mit mehr Aufmerksamkeit für deine weiblichen Geschlechtsteile und deine weibliche Sinnlichkeit und dein Vergnügen selbstbewusster, erfolgreicher und attraktiver wirst und das Leben deutlich mehr genießen wirst. Deshalb heißt dieses Kapitel Muschi-Magie!

Die Soziologin und Kulturhistorikerin Riane Eisler nennt die Muschi in ihrem Buch „Sacred Pleasure" das „magische Portal des Lebens, besessen von der Kraft der physischen Regeneration sowie der spirituellen Erleuchtung und Transformation". Muschi-Magie anzuwenden ist so etwas wie der magische Schlüssel, alles in deinem Leben leichter und schneller zu erreichen, als du es dir bisher vorstellen konntest.

Wie funktioniert Muschi-Magie?

Viele von uns geben das Thema Sinnlichkeit und Befriedigung in die Hände eines Mannes. Dort gehört es aber nicht hin, bevor du es nicht selbst wirklich durchdrungen hast, besitzt und verstehst. Wie soll ein Mann verstehen, was er mit deiner Muschi anfangen soll, wenn du es selbst nicht richtig verstehst? Wie soll er sie kennen, wenn nicht mal du sie richtig kennst?

Was könnte es bedeuten, wenn du dich damit befasst, wenn du deine Muschi nicht nur „akzeptierst", sondern wenn du sie liebst, wenn du sie kennst, wenn du sie benutzt? Wenn du dir Stärke, Freude, Kreativität, Kraft, Vergnügen und Lust erlaubst und erlebst?

Zu Beginn des Buches habe ich von der Magie des Bewusstseins, der Zellen und der Atome gesprochen – wie wir anziehen, was wir ausstrahlen. Mit der Muschi-Magie kommen wir in einen Bereich, wo du endlich aufhörst, deinen Kopf zu benutzen, und wirklich eintauchst in die Magie der guten Gefühle.

Erinnerst du dich, wie gut sich ein Orgasmus anfühlt? Oder weißt du es überhaupt? Bei einer Umfrage 2016 gaben fast 10 Prozent der Frauen an, noch nie einen Orgasmus gehabt zu haben, und bei über 60 Prozent der Frauen bleibt der Orgasmus beim Sex regelmäßig aus. Das ist doch traurig! Ärztinnen und Therapeutinnen, die sich mit diesem Thema beschäftigen, begründen das unter anderem damit, dass wir uns zu sehr an der männlichen Sexualität orientieren.

Und genau das funktioniert eben nicht: Während die Sexualität des Mannes zielorientiert ist (es geht eben in der Regel um das Abspritzen), ist die Sexualität von uns Frauen ein Weg der Lust, der Freude und des Genießens. Aber eben ein Weg! Wenn Frauen ähnlich wie Männer einfach nur eine Steigerung der Lust empfinden und dann einen einzigen, kurzen Höhepunkt, verpassen sie das Beste!

Die Klitoris ist nicht nur die Perle, die man von außen sehen kann. Sie setzt sich bis tief ins weibliche Becken hinein fort – im Grunde ist sie so etwas wie das weibliche Gegenstück zum Penis: Unsere Klitoris ist das Organ des Vergnügens – sie hat ungefähr 8000 Nervenenden und damit doppelt so viele wie ein Penis. Und sie ist nicht die einzige Quelle der Lust:

Die Sexologin Olivia Bryant forscht seit vielen Jahren über den Gebärmutterhals (Zervix) und hat Frauen mit einem Körperteil bekannt gemacht, der den meisten bis dahin höchstens im Zusammenhang mit Krebs ein Begriff war. Dabei ist die Zervix ein ausnehmend empfindsames Organ: Sie ist die einzige Stelle in unserem Körper, an der drei Hauptnerven enden, und ihre Oberfläche ist komplett von einem Nervengeflecht überzogen. Wenn wir die Zervix jedoch stimulieren, so Olivia Bryant, kann der Körper die Substanz DMT (Dimethyltryptamin) ausschütten und Frauen zu sehr intensiven Orgasmen bringen. Ich muss dir gestehen: Auch ich habe das erst in meinen Recherchen zu diesem Buch erfahren und war selbst überrascht, fast schockiert, wie wenig auch ich über meinen eigenen Körper weiß.

Was will ich dir damit sagen? Lust ist wichtig, und dafür müssen wir uns kennen und es muss uns wichtig sein.

Wir Frauen befriedigen uns selbst viel zu selten! Während bei den Männern das Onanieren fast schon ein alltäglicher Bestandteil der Körperhygiene ist, kann es bei uns Frauen nahezu in Vergessenheit geraten. Doch genau hier liegt einer der größten Schätze: dich und deine Sinnlichkeit zu entdecken und zu entwickeln, wird dich nicht nur selbstbewusster, sondern auch zufriedener, leichter im Geist und fröhlicher machen. Auch wenn die deutlich sichtbare Rötung deiner Wangen nach einer lustvollen Begegnung mit dir selbst nach und nach schwinden mag: Das Glänzen deiner Augen und die tiefe Entspannung und Zufriedenheit, die sich überall in deinem Körper breitgemacht hat, wird eine ganze Weile bleiben und hat die allerpositivsten Effekte auf deine Ausstrahlung!

Und genau das ist Muschi-Magie: Deine eigene Lust zu entdecken und ihr deine Aufmerksamkeit zu schenken, wird dich verwandeln!

Just do it!

Schritt 1 für die Muschi-Magie ist das Bewusstsein: Du weißt jetzt, dass dein eigenes Vergnügen wichtig ist und dass es bei dir beginnt. Es ist nicht da draußen. Der Schlüssel zum besten Gefühl der Freude liegt in deinem Schoß – du musst ihn nur benutzen.

Falls dir nun vielleicht ein „Ach, jetzt lieber nicht ...“ auf der Zunge liegt, könntest du ja doch einfach ausprobieren, was ich dir hier vorschlage. Vielleicht ist ja was dran? Wenn ich dir sagen würde, dass in deiner Garage ein Porsche Cabrio zu deiner freien Verfügung steht, und mit den Schlüsseln vor deiner Nase herumbaumeln würde ... wolltest du dann nicht wenigstens nachschauen? Wie wäre es mit einer Probefahrt?

Schritt 2 ist die Priorität: Gib deinem Vergnügen, deiner Lust, deiner Sinnlichkeit Priorität! Schufte dich nicht ab und hoffe, dass irgendwer dich dafür belohnen wird. Dabei kannst du es dir besonders schön machen: Viele Bücher sprechen von Kerzen, Duft und Schaumbädern. Ja, das ist toll! Mach das! Aber genau, wie du nicht bei jedem Sex direkt ein Fest feierst, brauchst du auch für das Tête-à-Tête mit deiner Muschi nicht jedes Mal einen großen Aufwand zu machen. Mach es dir einfach bequem und leg los!

Schritt 3 Tu es! Je nachdem, wie viel Erfahrung du bereits hast, kann es für dich hilfreich und wichtig sein, dir einfach öfter Vergnügen zu gönnen. Oder du fängst ganz von vorne an:

Hol dir einen Handspiegel und mach es dir bequem. Schau dir deine Muschi im Spiegel an – und nicht nur einmal. Betrachte deine inneren und äußeren Schamlippen und den Eingang zur Vagina. Betrachte, wie weit deine Klitoris vom Eingang zur Vagina entfernt ist: Das ist bei jeder Frau anders. Bei Frauen, die beim Sex mit einem Mann häufig und leicht zum Orgasmus kommen, liegt häufig die Klitoris sehr nah am Eingang zur Vagina und wird dadurch während der Penetration durch den Penis direkt mitstimuliert. Das ist aber bei vielen Frauen eben nicht so – und deshalb ist es eben auch nicht selbstverständlich oder „normal", beim „Standard-Sex" einen Orgasmus zu erleben.

Bei der Zervix und dem G-Punkt geht es nicht ganz ohne Hilfe – das muss aber nicht immer ein Mann sein, oder? Es gibt ganz wunderbare Hilfsmittel, die sich ganz diskret via Onlineshopping bestellen lassen. In vielen Städten gibt es inzwischen auch Sexshops für Frauen, wo du einfühlsam und kompetent beraten wirst, was für dich das Richtige sein könnte. Die nächste Stufe wäre eine schamlose und lustige Dildoparty mit Freundinnen – warum eigentlich nicht? Inzwischen gibt es zahlreiche Geschäftsmodelle, die nach demselben Prinzip funktionieren wie Tupperpartys – nur eben mit Sextoys. Du kannst dich auch darüber informieren, wie andere Muschis aussehen – das Internet ist sehr ergiebig, wenn du zum Beispiel nach „Genital-Typen", „Viva la vulva" oder „Das Tor ins Leben" suchst.

Ich kann es gar nicht oft genug sagen: Gute Dinge passieren, wenn du dich gut fühlst!

Mach es dir selbst recht

Lerne deine Muschi kennen und fang an, sie zu lieben und zu benutzen. Gönne dir schöne Unterwäsche – nicht, weil es einen Mann scharf machen soll, sondern dich! Weil es dir ein gutes Gefühl gibt. Weil du es verdient hast, deine edelsten Körperteile in eine schöne, exquisite Verpackung zu hüllen. Werde schamlos! Mach deine Lust und deine Sinnlichkeit zu einer Priorität, bilde dich weiter – im Anhang findest du Lesetipps.

Lerne sprechen: Sag, was du wirklich haben willst! Wenn du Sex mit jemandem hast, erwarte nicht, dass dein Gegenüber schon weiß, wo alles ist und wie du es gern hast. Findet es zusammen heraus und redet miteinander. Wenn dein Sexpartner dich nicht zum Orgasmus gebracht hat, täusche keinen vor, nur damit er nicht enttäuscht ist! Rede darüber und zeige ihm, was du brauchst, damit es klappen kann.

Unser sexuelles Vergnügen funktioniert eben nicht auf Knopfdruck. Unsere Lust lässt sich nicht zwingen oder hetzen. Sie wird nicht kooperieren, wenn man sie unter Druck setzt. Was jedoch ziemlich gut funktioniert, ist Aufmerksamkeit, Geduld und Hingabe. Und auch: Zeit! Und damit meine ich nicht, dass du dich jetzt mal eine Stunde hinsetzen und dich mit deiner Muschi beschäftigen sollst, damit du einen Haken hinter dieses Kapitel setzen kannst. Ich meine damit, dass deine Lust und deine Freude so normal sein sollten, dass sie einen regelmäßigen Platz in deinem Leben und damit auch in deinem Tagesablauf verdient haben. Ungefähr so wie das tägliche Zähneputzen. Darauf würdest du vermutlich auch nicht verzichten, oder?

Feiere dich – und nur dich! Nicht deine Leistungen, sondern dein Sein, deine Sinnlichkeit und deine Fähigkeit, Freude zu empfinden. Selbstliebe ist mehr als ein heißes Bad mit einer Schachtel Pralinen: Selbstliebe heißt, es sich selbst recht zu machen und mit Freude und einem Augenzwinkern das Leben zu verlangen, dass du dir wünschst.

DAS IST STUFE 6 UND DIE WAHRE MEISTERSCHAFT

Wenn du Muschi-Magie beherrschst und deine Scham verlierst, wirst du über dich hinauswachsen und über vieles von dem lachen, was dich heute noch nervös macht – inklusive allem, was mit Männern zu tun hat. Du wirst erstmals wahrhaft ganz du selbst und damit zunächst unabhängig von Männern. Ein perfekter Anfang, tatsächlich bedingungslos lieben zu können.

Ganz egal, ob du Single bist und dir einen Partner wünschst oder ob du bereits einen Partner hast, egal, ob du mit Männern im Privaten oder im Berufsleben besser auskommen und erfolgreich sein möchtest: Du wirst erstaunt sein, wie Muschi-Magie sich auf all deine Beziehungen zu Männern auswirken wird.

WAS DU AUS DIESEM ABSCHNITT MITNEHMEN KANNST

- Die meisten Frauen scheinen mit einer Überdosis Scham „geimpft" zu sein. Scham sorgt dafür, dass wir nicht zu unserer wahren Größe wachsen können.
- Mangelndes Wissen über unsere Geschlechtsteile führt dazu, dass wir uns nicht damit verbunden fühlen und oft gar nicht wissen, was „da unten" alles ist und los sein könnte.
- Dich selbst und deine Lust zu entdecken und damit dein Vergnügen in die eigene Hand zu nehmen und ihm Priorität zu geben, entfaltet magische Kräfte, die sich auf alle Bereiche deines Lebens und besonders auf deinen Umgang mit Männern positiv auswirken werden.

WAS DU FÜR DICH ZU DIESEM KAPITEL REFLEKTIEREN KANNST

Wie ist dein Verhältnis zu deiner Muschi und wodurch wurde es geprägt?

____

____

____

Ist „Muschi" für dich okay oder welchen Namen möchtest du der „Magic Box" in deinem Schoß gerne geben?

____

____

____

Wie hast du dich gefühlt, als du deine Muschi erforscht hast?

____

____

____

Bist du bereit, es mal für vier Wochen mit Muschi-Magie zu probieren? Und falls doch nicht: Warum nicht?

____

____

____

WEIBLICH STARK

Was für eine Reise, und hier geht sie zu Ende. Dieses Buch ist entstanden aus meiner Arbeit mit Männern und Frauen über die vielen Jahre und ein Stück weit aus dem Gefühl, dass die Welt für Männer und Frauen ein sehr viel schönerer Ort sein könnte, wenn wir wahre Emanzipation wählen und leben. Denn Emanzipation bedeutet nicht nur rechtliche und gesellschaftliche Gleichstellung von Mann und Frau („Gleichstellung" – nicht „Gleichheit"!), sondern nach dem Wörterbuch allem voran die „Befreiung aus einem Zustand der Abhängigkeit".

Wir werden erst emanzipiert sein, wenn wir lernen, unsere Freiheit zu nutzen und zu genießen. Wir werden erst emanzipiert sein, wenn wir wieder mit einem guten Gewissen weiblich sein können und wenn wir lernen, dass stark zu sein nicht bedeutet, hart zu sein.

Wir werden erst emanzipiert sein, wenn wir lernen, unsere Freiheit zu nutzen und vor allem auch zu genießen.

Hör auf, dich zu verleugnen und anzupassen an etwas, das dir gar nicht liegt und auch nicht gefällt und dich nur schwach und abhängig macht. Männer und Frauen sollen gleichgestellt sein – aber sie sollten nicht gleich sein. Das wäre doch furchtbar langweilig!

Arsch hoch und Spaß dabei! Weiblichkeit zu leben bedeutet nicht, das Rollenklischee der „guten Hausfrau und Mutter" oder der „braven Ehefrau" von Achtzehnhundertirgendwas zu erfüllen, es bedeutet für mich unter anderem, meinen wundervollen weiblichen Körper zu lieben, meine Intuition ernst zu nehmen, meinen weiblichen Zyklus zu achten und meine fruchtbare Kreativität und Weichheit, meine Wärme und Liebe fließen zu lassen. Mich als Frau zu feiern, zu genießen und stolz darauf zu sein.

In uns Frauen liegt eine Kraft, die nicht hart ist – und dennoch stark. Stark wie Wasser. Wie Seide. Wie Schneeglöckchen, deren zarte Blüten sich bei den ersten Sonnenstrahlen durch hart gefrorene Erde emporstrecken. Wie die zarten Fäden eines Spinnennetzes, das fast durchsichtig scheint und dennoch nie seinen Zweck verfehlt. Weiblichkeit ist stark – auf besondere Weise.

Was bringt es uns denn, gleichgestellt zu sein, wenn wir diese Freiheit nicht nutzen und feiern und uns stattdessen immer wieder abhängig machen? Was bringen uns all die Gesetze und Verordnungen, wenn wir sie nicht nutzen, weil wir immer noch das Mindset des braven Mädchens haben, das alles richtig machen und auf jeden Fall beliebt sein will? Wenn wir weiterhin ständig versuchen, es jedem recht zu machen und strebsam und brav versuchen, allen Anforderungen gerecht zu werden? Wenn wir ständig zittern, ob wir bestehen können, ob wir „gut genug" sind?

Was bringt uns das Recht, jederzeit alles tun zu können und zu dürfen, wenn wir daraus nichts anderes machen, als mit Scheuklappen möglichst sichere Jobs zu finden, uns den Arsch abzuarbeiten und dann wenigstens mit einem schicken Auto zur Arbeit zu fahren und dafür immer müde zu sein?

Was bringt uns Freiheit, wenn sie uns am Ende nur Einsamkeit beschert und wir bei einem Date mit einem Mann schon Angst haben, dass er es merken könnte, wenn wir auf der Karriereleiter weiter oben stehen und sich unterlegen fühlen könnte, so dass wir unsere Erfolge noch nicht einmal genießen und feiern können?

Was bringt uns Gleichheit, wenn wir daran verzweifeln, weil wir uns selbst verlieren? Weil wir uns verleugnen und einsam sind und uns für unsere Körper schämen, unsere Gefühle verdrängen und unsere Träume abtun?

Hören wir auf, bessere Männer sein zu wollen, und nutzen wir unsere Freiheit dafür, wirklich frei zu sein – sein zu können, was immer wir wollen! Hör auf zu funktionieren und fang an zu leben! Sei schamlos –

denn das ist dein gutes Recht! Es gibt so viele wundervolle Dinge auf diesem Planeten, die wir tun können: Arsch hoch, Baby! Denn das schöne Leben kommt nicht durch Fleiß und Gewissenhaftigkeit zu dir!

Hast du eine „Bucket List“ – eine „Löffelliste“? Das ist eine Liste mit Dingen, die du gerne erleben oder tun würdest, bevor du den Löffel abgibst. Falls du noch keine hast, empfehle ich dir dringend, dir eine anzulegen. Eine Löffelliste ist ein fantastisches Mittel, den Fokus vom Alltag wegzunehmen und sich wieder klarer darüber zu werden, welche Wünsche, Sehnsüchte und Träume du hast.

Es könnte dir passieren, dass du in deinem Umfeld zunächst auf Unverständnis, vielleicht sogar Kritik stößt, wenn du deinen Arsch hochkriegst und anfängst, Spaß zu haben. Betrachte das als kleine „Prüfung“, ob du es wirklich willst. Lächle und mach dein Ding – denn es ist dein Leben! Fang an, es dir endlich selbst recht zu machen!

Wenn du möchtest, schreib mir von deinen Erfolgen und deinen Abenteuern an info@kontaktvoll.de und schau mal vorbei auf www.kontaktvoll.de/arsch-hoch – dort findest du immer interessante Neuigkeiten, wie du bekommst, was du willst, und auch noch Spaß dabei hast!

Ich wünsche dir ein großartiges, königliches, lustvolles Leben – und bitte tu uns allen einen Gefallen: Hab Spaß und sei ansteckend dabei!

Alles Liebe!

Deine

LITERATUR

arte, Das automatische Gehirn. Die Magie des Unbewussten, 2011, online auf www.dailymotion.com/video/x22yii0

Nina Deißler, Dating für Frauen. So treffen Sie den Richtigen. Mit Spaß flirten, verabreden und verlieben, humboldt Verlag 2013

Nina Deißler, Nie mehr schüchtern! Wie Sie Schüchternheit überwinden, Selbstvertrauen gewinnen und Ihre innere Stärke finden, humboldt Verlag, 2018

David R. Hawkins, Die Ebenen des Bewusstseins. Von der Kraft, die wir ausstrahlen, VAK Verlag 2014

Bruce Lipton, Intelligente Zellen. Wie Erfahrungen unsere Gene steuern, KOHA Verlag 2016

Bärbel Mohr, Bestellungen beim Universum. Ein Handbuch zur Wunscherfüllung, Silberschnur Verlag 2016

Michael Lukas Moeller, Wie die Liebe anfängt. Die ersten drei Minuten, Rowohlt Taschenbuch Verlag 2004

Michaela Riedl, Yoni-Massage. Entdecke die Quellen weiblicher Liebeslust sinnlich – energetisch – spirituell, Hans Nietsch Verlag 2006

Nicole Siller, Finde deine Lust! Das Praxisbuch für die weibliche Sexualität, Kneipp Verlag 2019

Marianne Williamson, Die Rückkehr zur Liebe. Harmonie, Lebenssinn und Glück durch „Ein Kurs in Wundern“, Goldmann Verlag 2016

Bibliografische Information der Deutschen Nationalbibliothek
Die Deutsche Nationalbibliothek verzeichnet diese Publikation in der Deutschen Nationalbibliografie; detaillierte bibliografische Daten sind im Internet über http://dnb.ddb.de abrufbar.

ISBN 978-3-8426-4200-3 (Print)
ISBN 978-3-8426-4201-0 (PDF)
ISBN 978-3-8426-4202-7 (EPUB)

Eine Marke der Schlüterschen Verlagsgesellschaft mbH & Co. KG
Hans-Böckler-Allee 7, 30173 Hannover
www.humboldt.de
www.schluetersche.de

Lektorat: Linda Strehl, München
Covergestaltung: ZERO, München
Covermotiv: Shutterstock/wow.subtropica, holaillustrations; Pixxwerk, München
Satz: PER MEDIEN & MARKETING GmbH, Braunschweig
Druck und Bindung: gutenberg beuys feindruckerei GmbH, Langenhagen